TIM ZIEGEWEIDT • SEBASTIAN BUCHNER

# BEST OF BBCREW

# DUTCH OVEN

TIM ZIEGEWEIDT • SEBASTIAN BUCHNER

# BEST OF BBCREW

# DUTCH OVEN

# INHALT

#ZWIEBELLIEBE!

# BEST OF

## SAUERLÄNDER BBCREW

Der Dutch Oven und wir – das ist wirklich eine ganz große Liebe. Falls du uns noch nicht kennen solltest: „Wir“, das sind Tim und Sebastian von der Sauerländer BBCrew. Wo Fuchs und Hase sich Gute Nacht sagen, genau da kommen wir her. Von Fichten und Tannen umgeben haben wir vor vielen, vielen Jahren in unserer Sauerländer Heimat das Dutchen für uns entdeckt. Im Laufe der Zeit ist eine beachtliche Zahl an Rezepten zusammengekommen, allesamt von uns selbst entwickelt, ausprobiert und ... ruck, zuck verputzt!

Manchmal können wir selbst kaum glauben, dass inzwischen schon drei Dutch-Oven-Bücher aus unserer Feder auf dem Markt sind. Und damit nicht genug: Diese Deluxe-Ausgabe mit unseren besten Rezepten ist die Krönung dieser wunderbaren Liebe. 76 unserer liebsten Rezepte warten darauf, von dir nachgedutcht zu werden.

Ach ja: Da wir von unserer Community immer mal wieder gefragt werden, welche denn eigentlich unsere Favoriten sind, verraten wir dir in diesem Buch auch unsere ganz persönlichen Top-10-Rezeptlisten – mit unseren aller-allerliebsten Lieblingsrezepten sozusagen. Wir sind gespannt, ob auch deine Favoriten dabei sind!

Bevor es richtig losgeht, findest du in der folgenden Einleitung noch viele nützliche Tipps zur Auswahl und Nutzung eines Dutch Ovens. Falls du schon im Besitz eines unserer Bücher bist, wirst du nicht viel Neues finden. Als Beginner möchten wir dir die Lektüre der folgenden Seiten aber wärmstens ans Herz legen. Und sollten trotzdem noch Fragen offen bleiben, kannst du dich gerne per Mail an uns wenden: buchfragen@sauerlaender-bbcrew.de

Wir wünschen dir viel Spaß beim Nachdutchen und Genießen!

**Tim und Sebastian**
**Sauerländer BBCrew**

# KAP-01

# LOS GEHT'S

## ALLES, WAS DU WISSEN MUSST

# LOS GEHT'S

## WELCHER TOPF DARF'S SEIN?

Auf dem Markt gibt es unzählige Dutch Oven für jeden Bedarf und Geldbeutel. Auch wir sind übrigens auf der Suche nach dem perfekten Dopf zusammen mit der Firma Skandika selbst zu Dutch-Oven-Entwicklern geworden - rausgekommen sind 2 Töpfe in den Größen ft 4.5 und ft 9, auf die wir mächtig stolz sind. Falls du neugierig geworden bist, findest du auf unserer Webseite weitere Infos dazu: www.bbqsauerland.de

Für das Nachdutchen der Rezepte in diesem Buch spielt es aber keine Rolle, welchen Topf du verwendest. Falls du noch keinen Dopf dein Eigen nennst, solltest du dir aber vor der Anschaffung klar machen, was genau du mit dem Topf vorhast und wie du ihn verwenden möchtest. Die folgenden Punkte werden dir bei der Wahl des für dich passenden Dutch Ovens sicherlich helfen.

### DIE FUß-FRAGE

Eine wichtige Frage, die du dir vor dem Kauf stellen solltest, ist: Brauche ich einen Topf mit oder ohne Füßen?

Möchtest du den Topf auch auf einer Herdplatte oder einem Gaskocher verwenden können, dann brauchst du einen Dutch Oven ohne Füße. Um ihn aber darüber hinaus auch mit Briketts heizen zu können, müsstest du dir zusätzlich ein extra Gestell/Ständer anschaffen. Die sind aber nicht teuer und bei vielen fußlosen Töpfen sogar im Lieferumfang inbegriffen.

Auch darf der Deckel dann nicht gewölbt sein, wenn du ihn sowohl für den Herd als auch mit Briketts nutzen möchtest, denn sonst würden die Briketts ja runterkullern.

Bei einem Topf mit Füßen kannst du problemlos mit Briketts heizen, dafür ist er quasi geschaffen. Das Ding auf dem Herd zu benutzen entfällt aber komplett. Wenn du ihn auf einem Kohle- oder Gasgrill benutzen möchtest, kannst du aber zum Beispiel einen Pizzastein unterlegen.

### DECKEL ALS PFANNE

Möchtest du mit Briketts heizen und den Deckel als Pfanne verwenden können, darf der Griff des Deckels nicht höher sein als die Füßchen. Bei dem Bild auf Seite 13 kannst du gut erkennen, dass das der Fall ist. Diesen Deckel kannst du also einfach umdrehen, auf die Briketts stellen und als Pfanne benutzen. Es gibt auch ganz ebene Deckel, die du als Pfanne auf dem Holzkohle- oder Gasgrill benutzen kannst.

### WIE GROß MUSS ER SEIN?

Jetzt gilt es nur noch, sich für die richtige Größe zu entscheiden. Hier im Buch verwenden wir die Größen ft 4.5, ft 6 und ft 9. Aber unterschiedliche Hersteller benennen die Töpfe unterschiedlich. Zu deiner Orientierung: Im Wesentlichen werden die Maße Durchmesser in Zoll oder Volumen in Liter verwendet. Und die ft-Angaben entsprechen in etwa der Litermenge. So passen also etwa 4,5 Liter in einen ft 4.5 und so weiter.

Du wirst im Internet bestimmt auch mal an dem Kürzel qt vorbeikommen, das einer Zahl angehängt wird. Auch da handelt es sich um die Literangabe: Ein 6-qt-Topf fasst also etwa 6 Liter. Für die Umrechnung von ft zu Zoll hilft dir die folgende Tabelle weiter.

| FT | ZOLL |
|---|---|
| FT 3 | 8 ZOLL |
| FT 4.5 | 10 ZOLL |
| FT 6 | 12 ZOLL |
| FT 9 | 12 ZOLL TIEF |
| FT 12 | 14 ZOLL TIEF |

Wir empfehlen für den Start einen ft 4.5 oder ft 6, die für 3–6 Personen geeignet sind. Welchen Topf wir verwenden, ist bei jedem Gericht aufgeführt.

Du hast eine andere Topfgröße? Dann kannst du die Zutatenmengen genauso wie die Brikettmengen ganz einfach nach Dreisatz umrechnen. Oder du guckst in die Tabelle oben rechts.

FT 4.5 IN FT 3: 2/3 DER MENGEN

FT 4.5 IN FT 6: PLUS 1/3

FT 4.5 IN FT 9: DAS DOPPELTE

FT 6 IN FT 3: 1/2 DER MENGEN

FT 6 IN FT 4.5: 3/4 DER MENGEN

FT 6 IN FT 9: PLUS 1/2

FT 9 IN FT 3: 1/3 DER MENGEN

FT 9 IN FT 4.5: 1/2 DER MENGEN

FT 9 IN FT 6: 2/3 DER MENGEN

# LOS GEHT'S

## REINIGUNG UND PFLEGE

### EINBRENNEN ODER NICHT

Einbrennen musst du eigentlich nur aus zwei Gründen: Der Topf ist beim Neukauf noch nicht eingebrannt gewesen oder Lagerung und Pflege waren suboptimal und der Topf hat Rost angesetzt.

Häufig kommt ein neuer Topf schon fertig eingebrannt bei dir zu Hause an. Dann musst du ihn lediglich mit heißem Wasser durchspülen und kannst dann direkt loslegen.

Ob dein Dopf eingebrannt ist, erkennst du an einer Art schwarzer Patina auf der Oberfläche. Ist dein Dutch Oven dagegen blitzeblank, solltest du den Topf zunächst mit Pflanzenöl bei hohen Temperaturen einbrennen.

Da sich beim Einbrennen ganz schön Rauch entwickeln kann, solltest du den Spaß am besten draußen im Grill machen und nicht im Backofen in der Wohnung. Geht aber auch.

Den sauberen und trockenen Dutch Oven von innen und außen mit Raps- oder Sonnenblumenöl einreiben. Mit der Öffnung nach unten auf einen Grillrost setzen, den Deckel einfach obenauf legen. 1 ½ Stunden lang bei etwa 200–250 °C einbrennen. Die schwarze Patina, die dabei entsteht, ist quasi die Antihaftbeschichtung.

Je häufiger ein Dutch Oven verwendet wird, umso schöner wird schlussendlich auch die Patina, die ein Festkleben oder Anbacken des Gargutes verhindert. In guten Töpfen lassen sich mühelos Pfannkuchen oder auch Reibeplätzchen backen, ohne dass du hinterher mit Hammer und Meißel dran musst, um eingebrannte Essensreste zu entfernen.

### LANGSAM EINGEWÖHNEN

Selbst wenn du einen fertig eingebrannten Topf gekauft hast, solltest du deinem Schätzchen ein bisschen Zeit gönnen, bis sich reichlich Patina gebildet hat. Verwende daher am Anfang etwas mehr Öl oder bereite erstmal Speisen zu, die sehr flüssig sind (z. B. unsere feinen Suppen, Gulasch oder das Boeuf Bourguignon).

### SO WIRD DER TOPF BLITZBLANK

Für die meisten Töpfe ist Spülmittel tabu! Sie werden schlicht und einfach mit heißem Wasser und einer Spülbürste gewienert. Nur wenn der Topf wie unserer emailliert ist, darf bei extrem fettigen Verschmutzungen auch Spülmittel zum Einsatz kommen. Sollte mal was angebrannt sein, gibt es Ringreiniger (sieht aus wie ein Stück aus einem Kettenhemd). Nach dem Reinigen muss der Topf gut trocknen. Anschließend wird er innen und außen mit einem Pflanzenöl (zum Beispiel Rapsöl) oder mit einer Pflegepaste eingerieben. So verhinderst du, dass der Topf rostet.

Wir verwahren übrigens immer die Verpackung des gekauften Dutch Ovens auf und verstauen ihn nach der Nutzung wieder darin. Du kannst aber auch eine Transporttasche oder eine Holzkiste für deine Töpfe aus Gusseisen im Handel bekommen.

## WICHTIGES ZUBEHÖR

Ein Deckelheber, mit dem man den heißen Deckel samt Kohlen sicher abheben kann, ist unerlässlich. Genauso wie feuerfeste Handschuhe.

Wenn du keine Stelle hast, wo der Dutch Oven stehen kann ohne Rasen oder Terrasse zu verbrennen, brauchst du noch eine Platte zum Unterlegen. Zum Beispiel Steine aus Schamott, Bauxit oder Magnesit. Wir haben, weil sie gerade da waren, welche aus Waschbeton genommen, ging auch.

Eine Zange zum Positionieren der Kohlen kann auch manchmal sehr hilfreich sein.

Eine Pflege- bzw. Einbrennpaste ist ein nettes Gimmick, aber nicht zwingend erforderlich.

Und natürlich ein Anzündkamin zum Durchglühen der Briketts (siehe Seite 18).

# LOS GEHT'S

## JETZT WIRD'S HEIß

### KOHLE, BRIKETTS ODER OFFENES FEUER?

Wenn du mit der Glut eines offenen Feuers heizen möchtest, brauchst du wahrscheinlich etwas Erfahrung, um Hitze und Glutdauer richtig einschätzen zu können. Steht der Topf direkt im Feuer und nicht nur auf der Lagerfeuerglut, musst du den Topf eventuell zwischendurch drehen, damit er gleichmäßig Hitze bekommt. Du musst auch regelmäßig in den Dutch Oven hineinschauen, ob irgendwas ansetzt, da du die Temperatur nicht richtig gut steuern kannst. Backen über offenem Feuer ist sehr schwierig, da beim Backen mehr Oberhitze benötigt wird. Über offenem Feuer wird also eher geschmort und gegart als gebacken. Außerdem empfehlen wir das Garen über dem offenen Feuer auch eher für Fortgeschrittene. Als Anfänger bleib doch besser bei Briketts oder dem Kohle- oder Gasgrill.

Wenn du die Wahl hast zwischen Kohle und Briketts: nimm Briketts. Sie glühen deutlich länger als Holzkohle und lassen sich leichter und gleichmäßiger positionieren. Holzkohlestücke haben zudem oft sehr unterschiedliche Größen und machen es daher schwieriger, die Temperatur zu steuern.

### BESONDERE BRIKETTS

Ideal sind Buchen- oder Kokosbriketts. Letztere haben eine sehr lange Brennzeit von fast 6 Stunden. Wir sind mittlerweile Fans von den sogenannten „Cubes", die, wie ihr Name schon sagt, Würfel sind. Bedingt durch ihre Form können sie nicht wegrollen – ein Traum! Darüber hinaus passen sie perfekt unter den Dutch Oven.

Der Preis von Kokosbriketts ist gegenüber Standardbriketts ein wenig höher, dies wird aber durch die deutlich längere Brenndauer und den daraus resultierenden geringeren Materialeinsatz ausgeglichen.

Außerdem gibt es noch Briketts, die aus Hartholzspänen und Sägemehl hergestellt werden. So wird echt nachhaltig aus dem Abfall der Möbelindustrie noch etwas Sinnvolles hergestellt. Die Briketts von Greek Fire zum Beispiel werden in eine 6-eckige Stangenform gepresst und in dieser Form dann gebrannt. Die so entstehenden langen Stangen kann man ganz verwenden oder man bricht sich Stücke von etwa 4–5 cm ab und glüht diese dann durch.

Durch das Loch in der Mitte und die leicht poröse Art brennt dieser Brennstoff bei ausreichender Sauerstoffzugabe extrem heiß, was ihn für starkes Anbraten im Dutch Oven prädestiniert, gleichzeitig ist er aber auch bei einer Ober-/Unterhitzen-Verteilung echt stark.

Die Briketts können kurz ins Wasser eingetaucht und so komplett gelöscht werden. Dann kann man sie tatsächlich beim nächsten Mal erneut durchglühen und zu Ende verwenden. Dies und die lange Brenndauer gleichen auch hier die etwas höheren Kosten gegenüber normalen Briketts aus.

Für die Rezepte in diesem Buch geben wir immer die Anzahl von stinknormalen Briketts sowie deren konkrete Positionierung und die ungefähr erzeugte Temperatur an.

Wenn du einen Gasgrill für deinen Dutch Oven benutzt, findest du auf Seite 20 nützliche Infos.

# LOS GEHT'S

## JETZT WIRD'S HEIß

### MENGE DER BRIKETTS

Die Brikettmenge ist zum einen von der Dopfgröße abhängig. Darüber hinaus kommt es darauf an, ob du anbraten, schmoren oder überbacken möchtest. Indem du auf, unter oder auf und unter den Dutch Oven durchgeglühte Briketts legst, kannst du sowohl reine Unterhitze zum Anbraten, Oberhitze zum Überbacken und Gratinieren als auch Ober-/Unterhitze zum Backen oder Schmoren erzeugen.

Häufig brauchen wir sogar unterschiedliche Hitzearten: Wir braten erst mit Unterhitze an und stellen später auf Ober-/Unterhitze um. Außerdem ist es noch wichtig, ob es gerade windig, extrem kalt, regnerisch oder sonst wie witterungstechnisch wechselhaft ist. Wie so oft hilft es da, den gesunden Menschenverstand einzuschalten. Ansonsten gilt: lieber zu wenig als zu viel. Und je öfter du dopfst, desto besser wird dein Gefühl für die Menge an Briketts.

Die Mengenangaben hier im Buch beziehen sich auf stinknormale Briketts. Verwendest du Kokosbriketts, kannst du ein Drittel weniger nehmen. Bei den Sägespänen-Briketts entsprechen 4–5 cm der Stange einem Normalo-Brikett.

### FAUSTREGELN UND TIPPS

- Zum Köcheln von Suppe und Eintopf: ein Drittel der Briketts auf den Deckel und zwei Drittel unter den Feuertopf legen.
- Zum Backen von Brot und Kuchen: zwei Drittel der Briketts auf den Deckel und ein Drittel unter den Feuertopf legen. Um zu verhindern, dass unter dem Topf sogenannte Hot Spots (punktuell sehr heiße Stellen) entstehen, die Briketts am äußeren Rand als Kreis unter dem Dutch Oven verteilen. Die Hitze kann in die Mitte ziehen, aber es wird nicht zu heiß.
- Fleisch und Fisch können entweder auch mit zwei Dritteln oben zu ein Drittel unten zubereitet werden, oder aber mit der Hälfte oben und der Hälfte unten.
- Um eine ausgewogene Ober-/Unterhitze zu erzeugen, musst du mehr Briketts auf den Deckel legen, da die Briketts von oben etwas schlechter heizen (sie sind nicht so gut geschützt wie unten).
- Wenn die Briketts unten immer wieder ausgehen, ist der Abstand zum Topf vielleicht zu gering und die Briketts bekommen nicht genug Sauerstoff. Dann gegebenenfalls Steine unterlegen, um den Abstand zu vergrößern.
- Es gibt auch supersuper Briketts, von denen brauchst du 10–15 Prozent weniger, das müsste dann aber auch auf der Packung der Briketts vermerkt sein.

## BRIKETT-TABELLE

| FT 4.5 | 160-180 °C | 200-225 °C |
|---|---|---|
| GESAMT | 15 | 21 |
| OBEN | 9 | 14 |
| UNTEN | 6 | 7 |

| FT 6 | 160-180 °C | 200-225 °C |
|---|---|---|
| GESAMT | 24 | 30 |
| OBEN | 14 | 20 |
| UNTEN | 10 | 10 |

| FT 9 | 160-180 °C | 200-225 °C |
|---|---|---|
| GESAMT | 24 | 30 |
| OBEN | 15 | 21 |
| UNTEN | 9 | 9 |

| FT 12 | 160-180 °C | 200-225 °C |
|---|---|---|
| GESAMT | 28 | 38 |
| OBEN | 17 | 25 |
| UNTEN | 11 | 13 |

(Quelle: Petromax)

# LOS GEHT'S

## JETZT WIRD'S HEIß

### BRIKETTS DURCHGLÜHEN

Um den Topf ordentlich zu heizen, müssen die Briketts richtig durchgeglüht sein. Am einfachsten geht das mit einigen Grillanzündern in einem Anzündkamin. Der Kamineffekt in dem Metallzylinder mit Griffen sorgt für schnelles und sicheres Anzünden. Dazu den Grillanzünder in den Grill legen. Den Kamin bis obenhin mit Briketts füllen. Die Grillanzünder mit einem Stabfeuerzeug oder einem langen Streichholz anzünden und den gefüllten Kamin daraufsetzen. Das Feuer frisst sich gleichmäßig von unten nach oben durch die Briketts. Sind alle Briketts schön durchgeglüht, kannst du sie mit einer Zange direkt aus dem Kamin unter und auf dem Dutch Oven platzieren. Die Griffe werden übrigens heiß: Bitte feuerfeste Handschuhe dafür verwenden.

Zum Öffnen des Dutch Ovens immer Handschuhe tragen und am besten den Deckelheber verwenden.

### MEHRERE TÖPFE AUF EINMAL

Das Garen mit dem Dutch Oven eignet sich perfekt, um Mehrkomponenten-Gerichte zu kochen. Während unten das Fleisch schmort, kann man einen weiteren Dutch Oven auf den ersten stellen, hat so für den zweiten Topf direkt Unterhitze und packt dann noch Kohlen auf den Deckel des zweiten Dutch Ovens. So gart beides zusammen.

Tim

# LOS GEHT'S

## DOPFEN MIT DEM GASGRILL

Wenn du deinen Dutch Oven im Gasgrill heizen möchtest, ist ein kleines bisschen Umdenken nötig. Doch dann kannst du genauso gute Ergebnisse erzielen wie mit Briketts.

Anders als beim Betrieb mit Briketts wird beim Gasgrill nicht dauerhaft mit Unterhitze gearbeitet. Die Unterhitze würde gerade beim Backen oder Schmoren zu heiß sein, egal ob der Brenner komplett runtergeregelt ist oder der Topf nur ansatzweise über dem Brenner steht.

### UNTERHITZE

Um starke Unterhitze zu erzeugen, werden alle verfügbaren Brenner am Gasgrill angeschaltet und die angegebene Temperatur wird eingestellt. Die kann für den Anfang gerne 30–50 °C höher sein, da beim Einlegen von kaltem Gargut die Temperatur wieder etwas absinkt.

### OBER-/UNTERHITZE

Soll Ober-/Unterhitze eingestellt werden, werden die Brenner unter dem Dutch Oven ausgeschaltet und die Hitzezufuhr wird indirekt erzeugt. Die Brenner rechts und links vom Dutch Oven schaltest du an und regelst so die Temperatur. Es kann auch nur mit einem Brenner gearbeitet werden, falls dein Grill nur zwei Brenner hat. Dann musst du den Dutch Oven aber zwischendurch drehen, weil doch immer etwas Dopf über dem einen Brenner hängt.

Bei den Rezepten haben wir für Gasgrill-Benutzer jeweils vermerkt, wie und bei welcher Temperatur aufgeheizt wird. Die Temperaturangaben sind als grobe Richtwerte zu verstehen, die ihr mithilfe eures Deckelthermometers kontrollieren könnt. Sie beziehen sich nicht auf die Temperatur im Dutch Oven.

### BACKEN UND ÜBERBACKEN

Wenn etwas mit Käse überbacken wird oder einfach die Oberseite gebräunt werden soll, wird der Deckel vom Dutch Oven abgenommen. Den Deckel vom Gasgrill schließt du selbstverständlich trotzdem. So kann die vom Gasgrilldeckel reflektierte Hitze super direkt auf das Gargut strahlen und dieses bräunen.

Beim Backen nimmst du nach zwei Dritteln der Garzeit den Dutch-Deckel ab, beim Mit-Käse-Überbacken kannst du sofort den Dutch-Deckel weglassen, mindestens aber die letzten 10 Minuten. Im Rezept ist es aber an der entsprechenden Stelle auch konkret beschrieben.

### VORSICHT FÜßE

Falls du einen Dutch Oven mit Füßen hast und ein Grillrost aus Guss, kannst du eine gelöcherte Edelstahlplatte aufs Rost legen, auf die du dann den Topf stellst. Sonst könnten sich die Füße des Dutch Ovens im Rost verhaken und dieses auseinanderdrücken und -brechen (bei unserem selbstentwickelten Dutch Oven gibt es dieses Problem aufgrund der speziellen Füße übrigens nicht). Bei Edelstahlrosten passiert das nicht so leicht, aber auf einer Platte steht der Dutch Oven auch einfach besser.

Manche Hersteller sparen runde Ausschnitte im Rost aus, hier passt meistens ein 9- oder 12-Zoll-Topf hinein.

## ERKLÄRUNG DER SYMBOLE

DIE GRÖSSE DES VERWENDETEN FEUERTOPFS IST HIER ABZULESEN.

DEINE GASGRILLEINSTELLUNGEN STEHEN HIER: STRICHE UNTER DER ZAHL BEDEUTEN DIREKTE UNTERHITZE BEI Z. B. 180 °C, STRICHE NEBEN DER ZAHL BEDEUTEN INDIREKTE HITZEZUFUHR BEI Z. B. 140 °C.

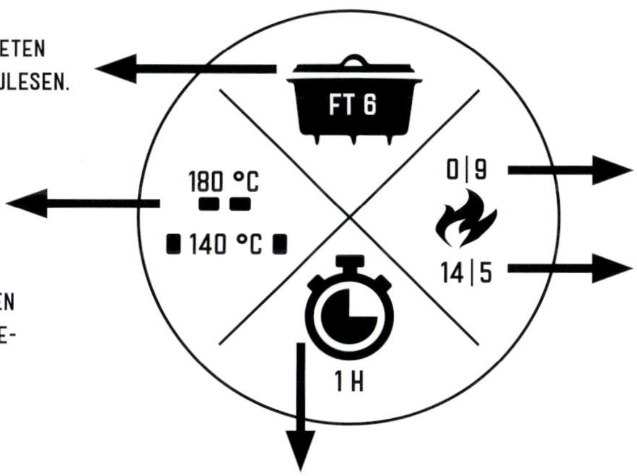


ÜBER DER FLAMME STEHT DIE ANZAHL DER BRIKETTS, DIE AUF DEN DECKEL KOMMT.

UNTER DER FLAMME DIE ANZAHL, DIE UNTER DEN TOPF KOMMT.

BEI MEHREREN ZAHLEN WIRD WÄHREND DES GARPROZESSES DIE HITZEART BZW. DIE TEMPERATUR VERÄNDERT UND BRIKETTS ENTFERNT ODER DAZUGEGEBEN.

SO VIEL ZEIT SOLLTEST DU MINDESTENS ZUM GAREN, FÜR GEHZEITEN ETC. EINKALKULIEREN.

KAP-02

# RIND-
# FLEISCH

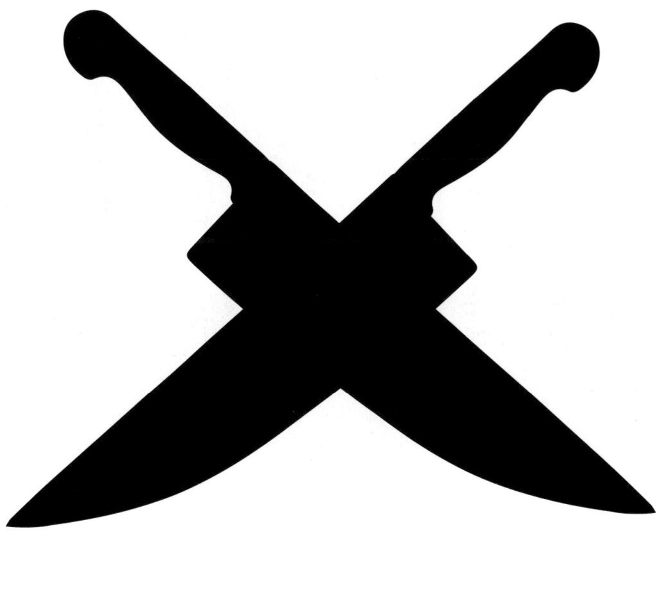

# OSSOBUCO

## ALLA MILANESE

### FÜR 4 PERSONEN

**Für das Ossobuco**

*3 rote Zwiebeln*
*2 Knoblauchzehen*
*3 große Möhren*
*½ Knollensellerie*
*1 Stange Lauch*
*3–4 Rinderbeinscheiben (ca. 1 kg)*
*1–2 El Mehl*
*3 El Butterschmalz*
*1 El Tomatenmark*
*400 g stückige Tomaten aus der Dose*
*250 ml Rinderfond*
*200 ml trockener Rotwein*
*2 Tl Salz*
*1 Tl Pfeffer*

**Für die Gremolata**

*2 Knoblauchzehen*
*1 Bund glatte Petersilie*
*1 unbehandelte Bio-Zitrone*
*2–3 El Olivenöl*

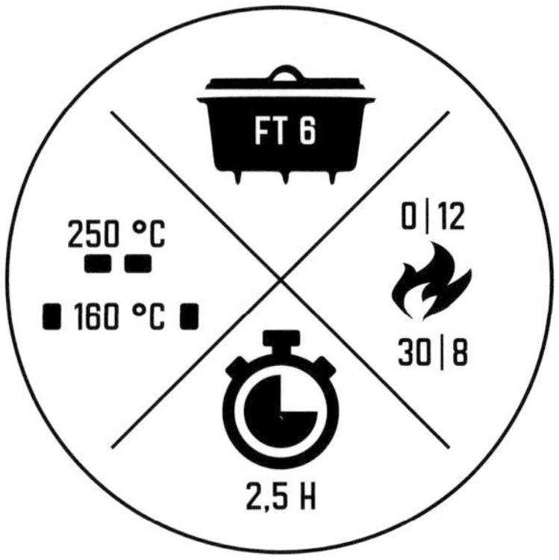


### VORBEREITEN: 30 BRIKETTS DURCHGLÜHEN

**1** Zwiebeln und Knoblauch schälen und fein hacken. Das Gemüse putzen, ggf. schälen, und fein würfeln. Die Rinderbeinscheiben mit Mehl bestäuben.

**2** Den Dutch Oven mit hoher Unterhitze aufheizen (ca. 250 °C). Dafür die 30 durchgeglühten Briketts unter dem Topf platzieren. Butterschmalz im Topf erhitzen und die Rinderbeinscheiben von beiden Seiten gut anbräunen. Die Beinscheiben aus dem Topf nehmen und das Gemüse darin anbraten.

**3** Tomatenmark dazugeben und kurz mitrösten. Stückige Tomaten, Fond und Wein angießen und alles durchrühren. Die Rinderbeinscheiben auf den Sud legen und den Topf mit dem Deckel schließen.

**4** Den Dutch Oven auf mittlere Ober-/Unterhitze umstellen (ca. 160 °C): 12 der Briketts auf dem Deckel platzieren, 8 Briketts unter dem Topf belassen, Rest beiseiteräumen. Ossobuco mindestens 2 Stunden schmoren, dann mit Salz und Pfeffer abschmecken.

**5** Während des Schmorens die Gremolata vorbereiten. Dafür Knoblauch schälen und fein hacken. Petersilie ebenfalls fein hacken. Die Zitronenschale abreiben und mit Knoblauch und Petersilie vermengen. Etwas Olivenöl angießen und alles miteinander verrühren. Die Gremolata sollte so lange durchziehen können, wie das Gericht im Topf schmort. Zum Servieren über das Ossobuco streuen.

# LAGERFEUERSUPPE

## DA FLIEGEN DIE FUNKEN

### FÜR 6 PERSONEN

*3 Zwiebeln*
*2 Knoblauchzehen*
*3 Möhren*
*500 g festkochende Kartoffeln*
*500 g Champignons*
*250 g Chorizo*
*750 g Rindergulasch*
*2 El Mehl*
*2 El Pflanzenöl*
*1 El Tomatenmark*
*2 Zweige Rosmarin*
*3 Zweige Thymian*
*3 Lorbeerblätter*
*2 Tl geräuchertes Paprikapulver*
*1 Tl Salz*
*1 Tl Pfeffer*
*500 ml Rinderfond*
*100 ml BBQ-Sauce*
*1 Bund glatte Petersilie*

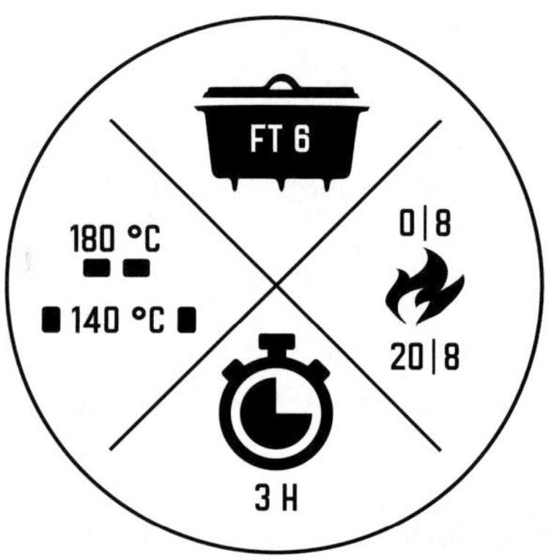


### VORBEREITEN: 20 BRIKETTS DURCHGLÜHEN

**1** Zwiebeln und Knoblauch schälen und fein würfeln. Möhren und Kartoffeln schälen und in mundgerechte Würfel schneiden. Champignons putzen und vierteln. Die Chorizo fein würfeln, das Rindergulasch abtupfen und bemehlen.

**2** Den Dutch Oven mit mittlerer Unterhitze aufheizen (ca. 180 °C). Dafür die 20 durchgeglühten Briketts unter dem Topf platzieren. Öl im Topf erhitzen und das Rindergulasch in 2 Portionen nacheinander anbraten, bis es schön gebräunt ist. Anschließend das Gemüse und die Chorizo dazugeben, das Tomatenmark unterrühren und weitere 5 Minuten braten.

**3** Rosmarin und Thymian waschen und trocken schütteln, mit den Lorbeerblättern zusammenbinden und in den Topf geben. Mit Paprikapulver, Salz und Pfeffer würzen. Rinderfond, 1 l Wasser und BBQ-Sauce angießen.

**4** Den Deckel auf den Topf legen und den Dutch Oven auf niedrige Ober-/Unterhitze umstellen (ca. 140 °C): 8 der Briketts auf dem Deckel platzieren, 8 Briketts unter dem Topf belassen, Rest beiseiteräumen. Die Suppe 2 Stunden köcheln lassen. Dann die Petersilie waschen, trocken tupfen, grob hacken und vor dem Servieren in die Suppe rühren.

# ORIENT-MEATBALLS

## 1000 UND 1 HACKBÄLLCHEN

### FÜR 4 PERSONEN

**Für die Hackbällchen**

*1 rote Zwiebel*

*500 g Rinderhackfleisch*

*1 rohes Ei*

*2 gekochte Eier*

*200 g Semmelbrösel*

*1 Tl Ras el-Hanout*

*2 Tl Salz, 1 Tl Pfeffer*

*1 Tl Cayennepfeffer*

**Für die Sauce**

*250 g Rosinen*

*1 rote Zwiebel*

*6 El Olivenöl*

*2 El Ras el-Hanout*

*7 Gewürznelken*

*1 kleines Päckchen Safran nach Belieben*

*1 Dose stückige Tomaten*

*2 El Honig*

*Salz, Pfeffer*

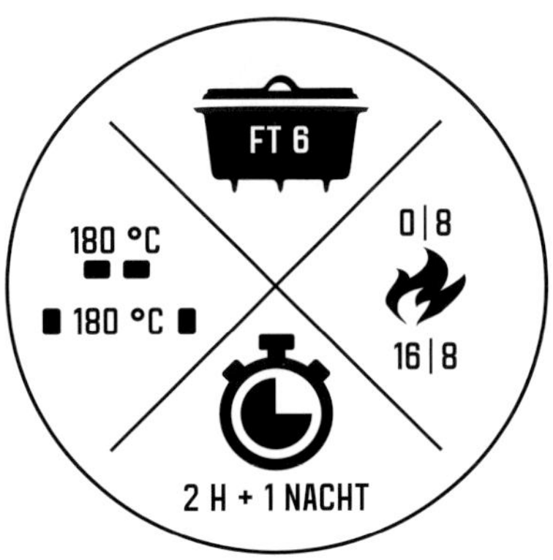


### VORBEREITEN: 16 BRIKETTS DURCHGLÜHEN

**1** Die Rosinen für die Sauce über Nacht in etwas Wasser einweichen.

**2** Für die Hackbällchen die Zwiebel schälen und mit einer Küchenreibe fein in eine Schüssel reiben. Hack, rohes Ei und gekochte Eier, Semmelbrösel und die Gewürze zugeben und alles ordentlich verkneten. Aus der Masse kleine Bällchen formen und diese ca. 1 Stunde durchziehen lassen.

**3** Für die Sauce die Zwiebel schälen und fein hacken. Den Dutch Oven mit mittlerer Unterhitze aufheizen (ca. 180 °C). Dafür die 16 durchgeglühten Briketts unter dem Topf platzieren. Das Öl im Dutch Oven erhitzen und die Zwiebel zusammen mit den Gewürzen unter Rühren glasig darin anbraten. Mit den Tomaten und 500 ml Wasser ablöschen. Die Sauce bei geöffnetem Deckel 20 Minuten unter gelegentlichem Rühren einkochen lassen. Dann die Rosinen und den Honig einrühren und mit Salz und Pfeffer abschmecken. Die Hackbällchen dazugeben.

**4** Den Deckel auf den Topf legen und den Dutch Oven auf mittlere Ober-/Unterhitze umstellen (ca. 180 °C): 8 der Briketts auf dem Deckel platzieren, 8 Briketts unter dem Topf belassen. Alles ca. 30 Minuten köcheln lassen. Die Hackbällchen mit der Sauce servieren.

# ROULADEN

## WIE WIR SAUERLÄNDER SIE MACHEN

### FÜR 6 PERSONEN

*6 Rinderrouladen (à 200 g)*
*2 TL Senf*
*1 Tl Salz*
*1 Tl Pfeffer*
*2 Tl geräuchertes Paprikapulver*
*5 Gemüsezwiebeln*
*6 Scheiben Bacon*
*6 kleine Gewürzgurken oder Cornichons*
*1 Stange Lauch*
*2 Möhren*
*½ Knollensellerie*
*2 El Butterschmalz*
*1 El Tomatenmark*
*500 ml halbtrockener Rotwein*
*500 ml Rinderfond*
*½ Tl Muskat*
*½ Tl Piment*
*1 Lorbeerblatt*
*1 Tl Zucker*
*250 g Sahne*

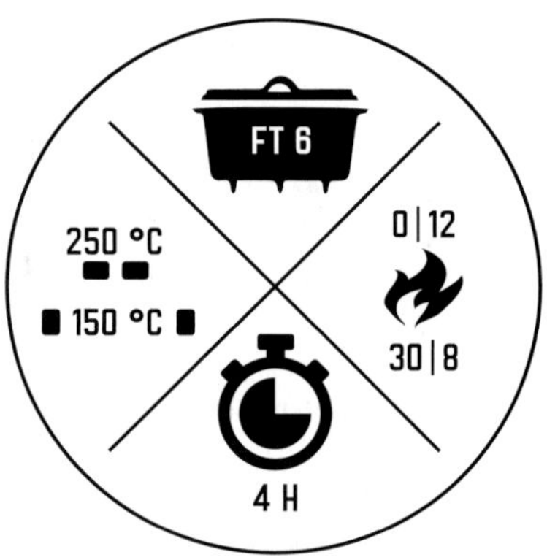


### VORBEREITEN: 30 BRIKETTS DURCHGLÜHEN

**1** Die Rouladen mit etwas Senf bestreichen und mit Salz, Pfeffer und Paprikapulver würzen. Die Gemüsezwiebeln schälen und fein würfeln. Je 1 Scheibe Bacon auf jede Roulade geben und ein paar Zwiebelwürfel darauf verteilen. Darauf je 1 Gurke geben. Nun die Rouladen aufrollen und mit einem Zahnstocher oder einer Rouladennadel fixieren.

**2** Den Lauch putzen und in Ringe schneiden. Das restliche Gemüse putzen und fein würfeln.

**3** Den Dutch Oven mit hoher Unterhitze aufheizen (ca. 250 °C). Dafür die 30 durchgeglühten Briketts unter dem Topf platzieren. Butterschmalz im Topf erhitzen, die Rouladen von allen Seiten ordentlich anbraten, dann aus dem Topf nehmen und das Gemüse darin glasig anschwitzen.

**4** Tomatenmark kurz mitrösten und alles mit einem Schuss Rotwein ablöschen. Den Rotwein einkochen lassen und den Vorgang wiederholen.

**5** Die Rouladen zurück in den Topf geben, den Rinderfond angießen, die übrigen Gewürze einrühren und den Topf mit dem Deckel schließen. Dutch Oven auf mittlere Ober-/Unterhitze umstellen (ca. 150 °C): 12 der Briketts auf dem Deckel platzieren, 8 Briketts unter dem Topf belassen, Rest beiseiteräumen. Rouladen ca. 3 Stunden schmoren.

**6** Die Rouladen aus dem Dutch Oven nehmen, Lorbeer aus der Sauce nehmen. Die Sauce pürieren und mit der Sahne abbinden. Rouladen zurück in die Sauce geben.

# LASAGNE-SUPPE

## FÜR SCHICHTSCHWÄCHLINGE

### FÜR 4–6 PERSONEN

*3 Knoblauchzehen*

*2 rote Zwiebeln*

*500 g Cocktailtomaten*

*2 El Pflanzenöl*

*1 kg Rinderhackfleisch*

*50 g Tomatenmark*

*1 Tl getrockneter Oregano*

*1 Tl getrocknetes Basilikum*

*1 Tl getrockneter Thymian*

*1 Tl Salz*

*1 Tl Pfeffer*

*1 l Gemüsebrühe*

*800 g stückige Tomaten aus der Dose*

*200 g Lasagneplatten*

*250 g Parmesan*

*250 g Crème fraîche*

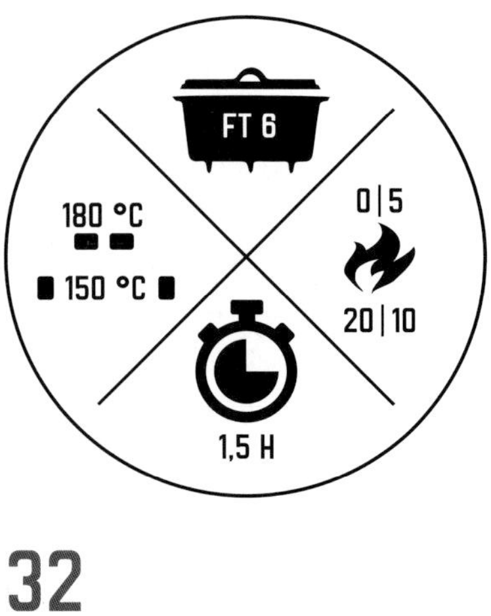


### VORBEREITEN: 20 BRIKETTS DURCHGLÜHEN

**1** Knoblauch und Zwiebeln schälen und fein würfeln, die Cocktailtomaten halbieren.

**2** Den Dutch Oven mit mittlerer Unterhitze aufheizen (ca. 180 °C). Dafür die 20 durchgeglühten Briketts unter dem Topf platzieren. Öl im Topf erhitzen und die Zwiebeln darin glasig andünsten.

**3** Hackfleisch und Knoblauch dazugeben und das Hackfleisch so lange braten, bis sich ein paar Röstaromen gebildet haben. Danach das Tomatenmark dazugeben und kurz mit anrösten. Die Kräuter, Salz und Pfeffer dazugeben und gut untermengen. Dann Brühe und Tomaten dazugeben.

**4** Den Deckel auf den Topf legen und den Dutch Oven auf niedrige Ober-/Unterhitze umstellen (ca. 150 °C), dafür 5 Briketts auf dem Deckel platzieren, 10 Briketts unter dem Topf belassen, Rest beiseiteräumen. Die Suppe 45 Minuten köcheln lassen.

**5** Dann die Lasagneplatten in kleine Stücke brechen und zusammen mit den halbierten Cocktailtomaten zur Suppe geben. Den Deckel wieder aufsetzen und etwa 10 Minuten köcheln, bis die Lasagneplatten durchgegart sind. Währenddessen den Parmesan reiben. Die fertige Suppe mit Salz, Pfeffer und Gewürzen abschmecken.

**6** Zum Servieren die Lasagne-Suppe in kleine Schüsseln geben, mit einem Klecks Crème fraîche und Käse bestreut servieren.

# BOEUF BOURGUIGNON

## FRANKREICH FÜR ZU HAUSE

### FÜR 4 PERSONEN

*1,5 kg Rinderschulter/Rinderschmorbraten*
*150 g geräucherter Bauchspeck*
*4 Zwiebeln*
*1 El Butterschmalz*
*2 El Mehl*
*500 ml Rotwein (idealerweise Burgunder)*
*300 ml Rinderbrühe*
*Salz*
*1 Lorbeerblatt*
*1 gehäufter El Tomatenmark*
*2 Tl Kräuter der Provence (TK)*
*60 ml Weinbrand/Cognac*
*4 Knoblauchzehen*
*4 Möhren*
*200 g braune Champignons*
*Pfeffer*

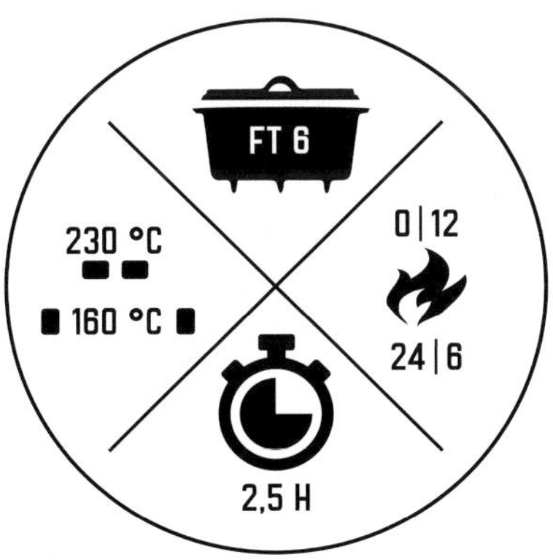


### VORBEREITEN: 24 BRIKETTS DURCHGLÜHEN

**1** Das Rindfleisch trocken tupfen und in größere Würfel schneiden. Den Speck in kleine Würfel schneiden. Die Zwiebeln schälen und hacken.

**2** Den Dutch Oven mit hoher Unterhitze aufheizen (ca. 230 °C). Dafür die 24 durchgeglühten Briketts unter dem Topf platzieren. Butterschmalz im Topf zerlassen und das Fleisch darin scharf anbraten. Speck und Zwiebelwürfel zugeben und einige Minuten unter ständigem Rühren gut anschmoren lassen. Mit Mehl bestäuben, gut verrühren, dann mit dem Rotwein und der Brühe ablöschen.

**3** 1 Tl Salz, Lorbeerblatt, Tomatenmark, Kräuter der Provence, Weinbrand und die in der Schale angedrückten Knoblauchzehen dazugeben. Den Deckel auf den Topf legen und den Dutch Oven auf mittlere Ober-/Unterhitze umstellen (ca. 160 °C): 12 der Briketts auf dem Deckel platzieren, 6 Briketts unter dem Topf belassen, Rest beiseiteräumen. Alles ca. 90 Minuten schmoren lassen.

**4** Inzwischen die Möhren putzen, schälen und in Scheiben schneiden. Champignons putzen und ebenfalls in Scheiben schneiden. Dann beides mit in den Topf geben. Nach Bedarf etwas Wasser und Wein nachgießen. Nun das Ganze noch gute 30 Minuten weiterschmoren lassen, bis das Fleisch so weich ist, dass es sich leicht mit einer Gabel zerteilen lässt. Zum Schluss mit Salz und Pfeffer abschmecken.

# RINDERGULASCH

## NACH UNGARISCHER ART

### FÜR 4-6 PERSONEN (IM SAUERLAND WOHL 4)

*4 Gemüsezwiebeln*
*6 bunte Paprikaschoten*
*1 ½ kg Rindergulasch*
*2 El Pflanzenöl*
*2 El Tomatenmark*
*2 Tl Salz*
*1 Tl Pfeffer*
*2 Tl edelsüßes Paprikapulver*
*1 Tl rosenscharfes Paprikapulver*
*1 Tl geräuchertes Paprikapulver*
*500 ml Rinderfond*
*250 ml dunkles Bier*

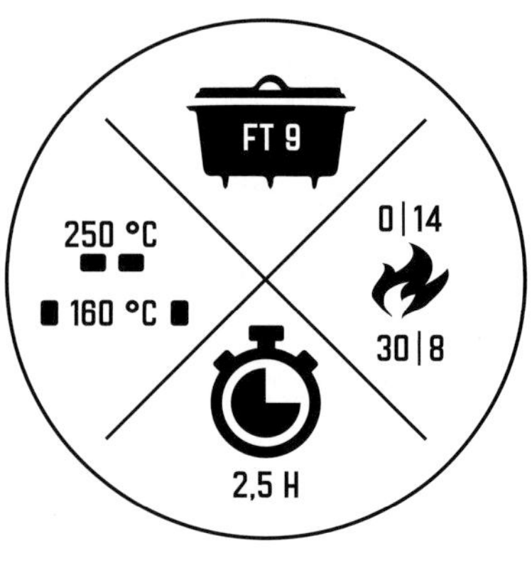


### VORBEREITEN: 30 BRIKETTS DURCHGLÜHEN

**1** Die Zwiebeln schälen und fein würfeln. Die Paprika putzen und in mundgerechte Stücke schneiden. Das Fleisch ebenfalls in mundgerechte Würfel schneiden.

**2** Den Dutch Oven mit hoher Unterhitze aufheizen (ca. 250 °C). Dafür die 30 durchgeglühten Briketts unter dem Topf platzieren. Öl im Topf erhitzen und das Fleisch portionsweise darin anbraten. Das Fleisch aus dem Topf nehmen und das Gemüse darin glasig anschwitzen. Das Fleisch mit dem Tomatenmark in den Topf geben und alles zusammen nochmals kurz anbraten. Die Gewürze unterrühren. Den Rinderfond sowie das Bier angießen und den Deckel auflegen.

**3** Dutch Oven auf mittlere Ober-/Unterhitze umstellen (ca. 160 °C): 14 der Briketts auf dem Deckel platzieren, 8 Briketts unter dem Topf belassen, Rest beiseiteräumen. Das Gulasch 2 Stunden schmoren.

# BEEFRIBS

## MIT DUNKELBIER

### FÜR 4 PERSONEN

*1 kg Beefribs (Rinderrippen)*
*2 Gemüsezwiebeln*
*4 Knoblauchzehen*
*3 Möhren*
*2 Stangen Staudensellerie*
*½ Stange Lauch*
*Butterschmalz zum Anbraten*
*2 El Tomatenmark*
*400 ml Rinderfond*
*1 Flasche dunkles Bier (330 ml)*
*5 El Beef Rub*
*5 Zweige Thymian*
*150 g Sahne*
*Salz*
*Pfeffer*

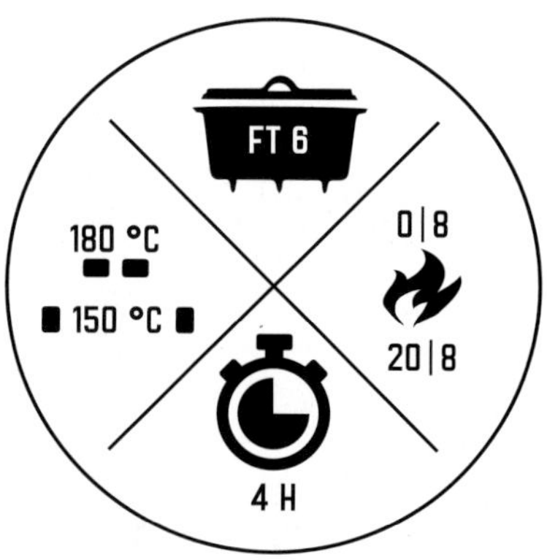


### VORBEREITEN: 20 BRIKETTS DURCHGLÜHEN

**1** Beefribs von der Silberhaut befreien und am Knochen entlang in breite Stücke schneiden. Zwiebeln und Knoblauch schälen und fein würfeln. Möhren putzen und in feine Stücke schneiden. Staudensellerie und Lauch putzen und in grobe Stücke schneiden.

**2** Den Dutch Oven mit mittlerer Unterhitze aufheizen (ca. 180 °C). Dafür die 20 durchgeglühten Briketts unter dem Topf platzieren. Butterschmalz im Topf zerlassen und Beefribs von allen Seiten ordentlich anbraten, dann aus dem Topf nehmen und beiseitestellen.

**3** Jetzt das Gemüse im Topf 5 Minuten anschwitzen, dann das Tomatenmark dazugeben und 5 Minuten mitbraten. Mit Rinderfond und Bier ablöschen. Beef Rub unterrühren. Die Thymianzweige waschen und dazugeben, die Beefribs zurück in den Topf geben.

**4** Den Deckel auf den Topf legen und den Dutch Oven auf niedrige Ober-/Unterhitze umstellen (ca. 150 °C): 8 der Briketts auf dem Deckel platzieren, 8 Briketts unter dem Topf belassen, Rest beiseiteräumen. Die Ribs 3 Stunden schmoren.

**5** Zum Schluss die Thymianzweige entfernen und die Beefribs herausnehmen. Die Sahne zur Sauce geben und alles schön pürieren. Mit Salz und Pfeffer abschmecken. Die Knochen aus den Beefribs entfernen und Ribs zurück in die Sauce geben.

# SAUERKRAUT-GULASCH

## MIT KARTOFFELGRATIN-DECKEL ... MMMHHH!

### FÜR 4 PERSONEN

*1 kg Rindergulasch*
*2 Zwiebeln*
*2 El Butterschmalz*
*Salz*
*Pfeffer*
*2 El Tomatenmark*
*2–3 El Mehl*
*2 Tl edelsüßes Paprikapulver*
*1 l Fleischbrühe*
*850 ml Sauerkraut*
*1 kg Kartoffeln*
*300 g Sahne*
*1 Prise gemahlene Muskatnuss*
*1–2 El Butter*

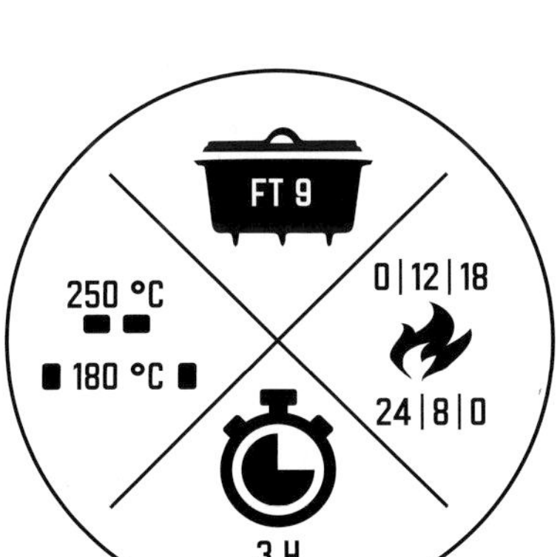


### VORBEREITEN: 24 BRIKETTS DURCHGLÜHEN

**1** Gulasch trocken tupfen und halbieren. Zwiebeln schälen und in grobe Stücke schneiden. Den Dutch Oven mit hoher Unterhitze aufheizen (ca. 250 °C). Dafür die 24 durchgeglühten Briketts unter dem Topf platzieren. Das Butterschmalz im Dutch Oven zerlassen und das Gulasch darin portionsweise rundherum braun anbraten. Jeweils mit Salz und Pfeffer würzen. Bei der letzten Portion die Zwiebeln mit in den Dutch geben und mitbraten.

**2** Nun das restliche Fleisch wieder zugeben. Tomatenmark einrühren und kurz anschwitzen. Mehl und Paprikapulver darüberstäuben und unter Rühren kurz anschwitzen. Mit ca. 1 l Brühe ablöschen und aufkochen lassen.

**3** Den Deckel auf den Topf legen und den Dutch Oven auf mittlere Ober-/Unterhitze umstellen (ca. 180 °C): 12 der Briketts auf dem Deckel platzieren, 8 Briketts unter dem Topf belassen, Rest beiseiteräumen. Das Fleisch 40 Minuten schmoren lassen.

**4** Inzwischen das Sauerkraut gut abtropfen lassen, dabei den Saft auffangen. Kartoffeln schälen und in dünne Scheiben hobeln. Nach 40 Minuten das Sauerkraut unters Gulasch mischen. Die Kartoffelscheiben überlappend in 2–3 Schichten auf das Gulasch legen. Dabei jede Schicht mit Sahne begießen und mit Salz, Pfeffer und Muskat würzen.

**5** Alles bei gleicher Temperatur ca. 30 Minuten weiterschmoren, ggf. je nach Zustand der Kohlen noch weitere 12 Briketts durchglühen. Nach den 30 Minuten prüfen, ob noch ausreichend Flüssigkeit drin ist, ggf. ein wenig des aufgefangenen Sauerkrautsafts zugießen.

**6** Den Deckel abnehmen. Die Butter in Stückchen auf den Kartoffeln verteilen. Alle Briketts bis auf 2 auf dem Deckel verteilen. 40–50 Minuten weitergaren, bis die Kartoffeln goldbraun sind.

# CHILI CON CARNE

## GEHT IMMER!

### FÜR 4 PERSONEN

*2 rote Zwiebeln*
*2 Knoblauchzehen*
*2 rote Paprikaschoten*
*1 rote Chilischote*
*2 El Pflanzenöl*
*1 kg Rinderhackfleisch*
*1 El Tomatenmark*
*1 Tl getrockneter Thymian*
*1 Tl geräuchertes Paprikapulver*
*1 Tl Kreuzkümmel*
*750 g stückige Tomaten aus der Dose*
*500 ml Rinderfond*
*1 ½ Tl Kakao*
*400 g rote Bohnen aus der Dose*
*280 g Mais aus der Dose*
*2 Tl Salz*
*2 Tl Pfeffer*

**Außerdem**

*Crème fraîche und glatte Petersilie zum Anrichten*

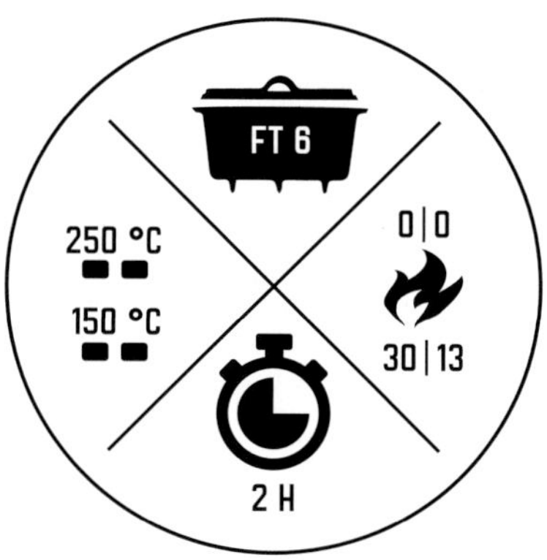


### VORBEREITEN: 30 BRIKETTS DURCHGLÜHEN

**1** Zwiebeln und Knoblauch schälen und fein würfeln. Paprika putzen und würfeln. Chilischote putzen, je nach Schärfewunsch entkernen, und sehr fein würfeln.

**2** Den Dutch Oven mit hoher Unterhitze aufheizen (ca. 250 °C). Dafür die 30 durchgeglühten Briketts unter dem Topf platzieren. Öl in dem Topf erhitzen und das Hackfleisch darin schön bräunen. Zwiebeln und Knoblauch zugeben und glasig dünsten. Das Tomatenmark unterrühren und mitrösten.

**3** Die Gewürze (ohne Salz und Pfeffer) dazugeben und alles durchrühren. Paprika, Chili, stückige Tomaten und Fond dazugeben und den Topf mit dem Deckel schließen. Die Unterhitze auf ca. 150 °C reduzieren, dafür nur noch 13 Briketts unter dem Topf belassen, Rest beiseiteräumen. Chili 1 ½ Stunden köcheln lassen.

**4** Nach 1 Stunde Kakao, Bohnen und Mais dazugeben und weiter köcheln lassen. Zum Schluss mit Salz und Pfeffer abschmecken. Mit etwas Crème fraîche und gehackter Petersilie bestreut servieren.

# HACKBÄLLCHEN TOSKANA

## URLAUB FÜR KALTE TAGE

### FÜR 4 PERSONEN

*2 Zwiebeln*
*3 Knoblauchzehen*
*1 kg Rinderhackfleisch*
*2 Tl getrocknete italienische Kräuter*
*1 Tl edelsüßes Paprikapulver*
*1 Tl Salz*
*1 Tl Pfeffer*
*4 El Pflanzenöl*
*4 El Tomatenmark*
*800 g passierte Tomaten*
*200 g Sahne*
*1 El Pizzagewürz*
*2 Mozzarella*

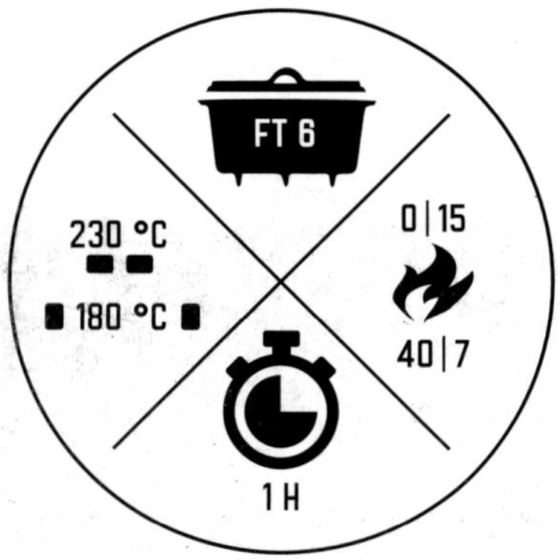


### VORBEREITEN: 40 BRIKETTS DURCHGLÜHEN

**1** Zwiebeln und Knoblauch schälen und fein würfeln. Hackfleisch, die Hälfte der Zwiebeln, die Hälfte des Knoblauchs, Kräuter, Paprikapulver, Salz und Pfeffer mit den Händen gut verkneten. 15 etwa gleich große Bällchen daraus formen.

**2** Zunächst sowohl den Topf als auch den Deckel (als Pfanne) verwenden. Den Dutch Oven und den Deckel mit hoher Unterhitze aufheizen (ca. 230 °C). Dafür 20 der durchgeglühten Briketts unter dem Topf und 20 Briketts unter der Deckel-Pfanne platzieren.

**3** Im Topf und im Deckel Öl erhitzen. Die Hackbällchen im Deckel rundherum anbraten. Im Topf die restlichen Zwiebeln und den restlichen Knoblauch anschwitzen, bis diese leicht Farbe angenommen haben. Dann das Tomatenmark dazugeben und kurz unterrühren. Tomaten und Sahne dazugeben und die Sauce aufkochen lassen, das Pizzagewürz unterrühren.

**4** Die angebratenen Hackbällchen mit dem Bratfett in die Sauce kippen und einmal vorsichtig umrühren. Den Mozzarella in grobe Stücke zerrupfen und oben auflegen.

**5** Den Deckel auswischen und auflegen. Den Dutch Oven auf mittlere Ober-/Unterhitze umstellen (ca. 180 °C): 15 der Briketts auf dem Topf platzieren, 7 Briketts unter dem Topf belassen, Rest beiseiteräumen. Die Hackbällchen 30 Minuten schmoren lassen.

**TIPP**

*Dazu passt perfekt Reis. Aber natürlich auch Spaghetti!*

# GEFÜLLTE PAPRIKA

## MIT RINDERHACKFLEISCH

### FÜR 4–5 PERSONEN

*1 Knoblauchzehe*
*1 Gemüsezwiebel*
*500 g Rinderhackfleisch*
*1 Ei*
*100 g gekochter Reis*
*1 Tl geräuchertes Paprikapulver*
*1 Tl getrockneter Thymian*
*1 Tl Senfpulver*
*½ Tl Zucker*
*2 Tl Salz*
*1 Tl Pfeffer*
*5–6 bunte, etwa gleich große Paprikaschoten*
*650 g stückige Tomaten aus der Dose*
*1 Bund Thymian*
*1 Bund Rosmarin*

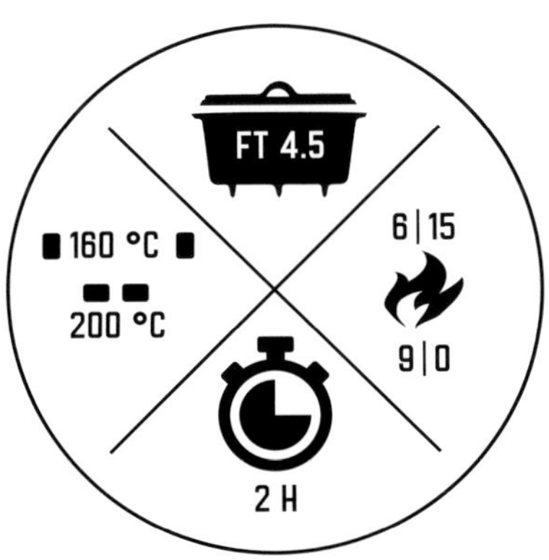


### VORBEREITEN: 15 BRIKETTS DURCHGLÜHEN

**1** Knoblauch und Zwiebel schälen, in feine Würfel schneiden und mit dem Hackfleisch in eine Schüssel geben. Ei, Reis, Gewürze, Zucker, Salz und Pfeffer dazugeben und alles durchkneten.

**2** Die Paprika waschen, den oberen Teil der Paprika abtrennen und zur Seite legen. Das Kerngehäuse entfernen. Paprika mit der Hackfleischmasse füllen, den Deckel der Paprika wieder aufsetzen und in einen Dutch Oven stellen. Die stückigen Tomaten angießen, Thymian und Rosmarin zugeben, etwas salzen und pfeffern und den Deckel auflegen.

**3** Den Dutch Oven mit mittlerer Ober-/Unterhitze aufheizen (ca. 160 °C). Dafür die 15 durchgeglühten Briketts bereithalten. 9 unter dem Topf, 6 auf dem Deckel platzieren. Paprika 1 ½ Stunden schmoren, erneut mit Salz und Pfeffer abschmecken.

**4** Für die letzten 20 Minuten den Dutch Oven auf hohe Oberhitze umstellen (ca. 200 °C). Dazu alle 15 Briketts auf den Deckel legen.

# HUSARENTOPF

## UND SIE RITTEN SCHNELLEN SCHRITTES …

### FÜR 4 PERSONEN

*500 g Rindergulasch*
*1 Zwiebel*
*230 g Champignonköpfe aus der Dose*
*380 g Silberzwiebeln aus dem Glas*
*330 g Tomatenpaprika aus dem Glas*
*Öl zum Anbraten*
*2 Tl edelsüßes Paprikapulver*
*1 Tl rosenscharfes Paprikapulver*
*1 Tl Currypulver*
*1 Tl Pfeffer*
*2 l Fleischbrühe*
*2 Tl Salz*
*Stärke zum Abbinden*

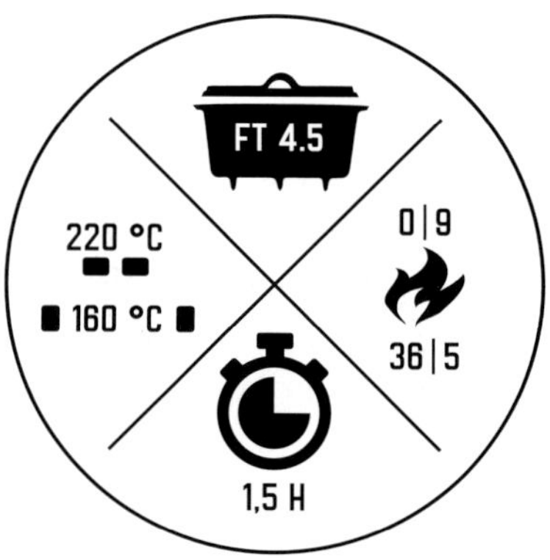


### VORBEREITEN: 36 BRIKETTS DURCHGLÜHEN

**1** Rindergulasch salzen und 5 Minuten stehen lassen. Zwiebel schälen und fein würfeln. Champignons, Silberzwiebeln und Tomatenpaprika durch ein Sieb abgießen und abtropfen lassen.

**2** Zunächst sowohl den Topf als auch den Deckel (als Pfanne) verwenden. Den Dutch Oven mit hoher Unterhitze aufheizen (ca. 220 °C). Dafür 18 der durchgeglühten Briketts unter dem Topf und 18 durchgeglühte Briketts unter der Deckel-Pfanne platzieren.

**3** Öl in der Deckel-Pfanne erhitzen, das Fleisch darin portionsweise kräftig anbraten. Im Topf ebenfalls Öl erhitzen. Zwiebel und Champignonköpfe anschwitzen. Dann die Silberzwiebeln und die Tomatenpaprika dazugeben und ebenfalls anschwitzen.

**4** Das angebratene Fleisch mit dem Bratensaft zu den Zwiebeln in den Topf geben. Alle Gewürze, bis auf Salz, dazugeben und die Fleischbrühe angießen.

**5** Den Deckel auswischen und auf den Topf legen. Den Dutch Oven auf mittlere Ober-/Unterhitze umstellen (ca. 160 °C): 9 der Briketts auf dem Topf platzieren, 5 Briketts unter dem Topf belassen, Rest beiseiteräumen. Den Husarentopf 1 Stunde köcheln lassen, bis das Fleisch weich ist. Mit Salz abschmecken und mit Stärke nach eigenem Wunsch abbinden.

# TORTILLA-AUFLAUF

## DAS GIBT'S NUR IN MEXIKO

### FÜR 4 PERSONEN

*1 rote Zwiebel*
*2 Knoblauchzehen*
*1 rote Paprikaschote*
*250 g Cocktailtomaten*
*60 g Oliven ohne Stein*
*1 kleine Dose Mais*
*1 kleine Dose Kidneybohnen*
*250 g Feta*
*2 El Öl*
*500 g Rinderhackfleisch*
*1 Dose stückige Tomaten (400 g)*
*1 Tl Salz*
*1 Tl Pfeffer*
*1 Tl Cayennepfeffer*
*1 Tl Kreuzkümmel*
*2 Tl getrockneter Thymian*
*1 Tl getrockneter Oregano*
*10 Weizentortillas*
*250 g geriebener Cheddar*

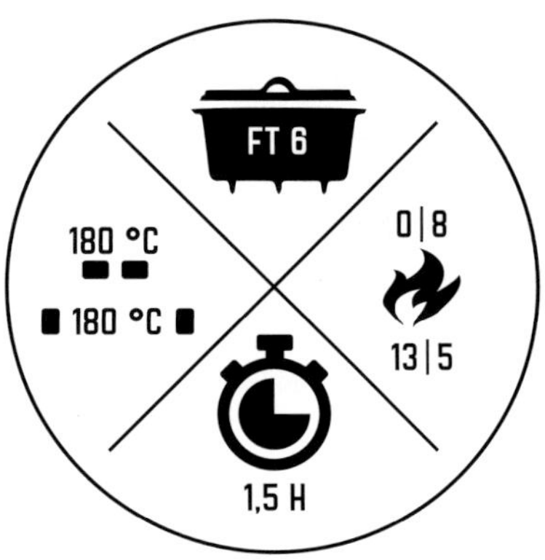


### VORBEREITEN: 13 BRIKETTS DURCHGLÜHEN

**1** Zwiebel und Knoblauchzehen schälen und fein hacken. Paprika und Cocktailtomaten putzen und in kleine Würfel schneiden. Oliven in Ringe schneiden. Mais und Kidneybohnen in einem Sieb abtropfen lassen. Den Feta würfeln.

**2** Den Dutch Oven mit mittlerer Unterhitze aufheizen (ca. 180 °C). Dafür die 13 durchgeglühten Briketts unter dem Topf platzieren. Das Öl im Dutch Oven erhitzen und das Hackfleisch darin anbraten. Zwiebeln, Knoblauch und Paprika zugeben und kurz mitbraten. Cocktailtomaten, Oliven, Mais, Kidneybohnen, die stückigen Tomaten und die Gewürze und die Kräuter zugeben und alles gut verrühren.

**3** Die Sauce bei geöffnetem Deckel 20–25 Minuten unter gelegentlichem Rühren köcheln lassen, bis sie deutlich eingedickt ist. Anschließend aus dem Dutch Oven in eine Schüssel umfüllen. Den Feta zugeben und alles ordentlich durchrühren.

**4** Den Dutch Oven auswischen und mit den Weizentortillas auslegen. Die Sauce über die Tortillas geben. Den Cheddar drüberstreuen.

**5** Den Deckel auf den Topf legen und den Dutch Oven auf mittlere Ober-/Unterhitze umstellen (ca. 180 °C): 8 der Briketts auf dem Deckel platzieren, 5 Briketts unter dem Topf belassen. Den Auflauf ca. 25 Minuten garen.

# KAP-03

# SCHWEINE FLEISCH

# SCHASCHLIK-TOPF

## WER ZU FAUL ZUM SPIEßEN IST

### FÜR 4 PERSONEN

*1 kg Schweinenacken*
*1 El Olivenöl*
*Salz*
*Pfeffer*
*2 Tl edelsüßes Paprikapulver*
*2 rote Zwiebeln*
*2 Knoblauchzehen*
*1 kleine Chilischote*
*250 g Bacon*
*3 Paprikaschoten*
*2 El Öl*
*4 El Tomatenmark*
*500 ml Rinderbrühe*
*2 El Sojasauce*
*2 El Apfelessig*
*1 Tl Worcestersauce*
*1 Tl Cayennepfeffer*

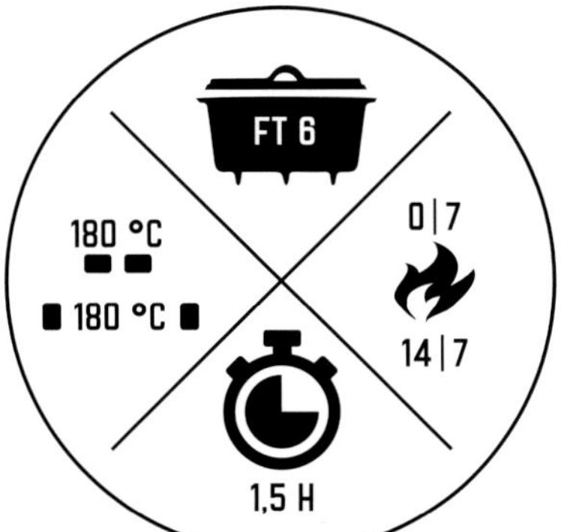


### VORBEREITEN: 14 BRIKETTS DURCHGLÜHEN

**1** Das Fleisch trocken tupfen und in mittelgroße Würfel schneiden, dann in eine Schüssel geben. Olivenöl, etwas Salz und Pfeffer und Paprikapulver zugeben und alles gut durchmischen.

**2** Zwiebeln und Knoblauchzehen schälen und hacken. Chili putzen und fein hacken. Bacon in kleine Stücke schneiden. Paprikaschoten putzen und in Streifen oder Stücke schneiden.

**3** Den Dutch Oven mit mittlerer Unterhitze aufheizen (ca. 180 °C). Dafür die 14 durchgeglühten Briketts unter dem Topf platzieren. Das Öl im Dutch Oven erhitzen und das Fleisch darin portionsweise von allen Seiten ordentlich anbraten. Dann herausnehmen.

**4** Zwiebeln, Knoblauch, Chili und Bacon in den Dutch Oven geben und kurz anbraten. Paprika und Tomatenmark zugeben und mitbraten. Das Fleisch und alle restlichen Zutaten zugeben. Mit Salz und Pfeffer abschmecken.

**5** Den Deckel auf den Topf legen und den Dutch Oven auf mittlere Ober-/Unterhitze umstellen (ca. 180 °C): 7 der Briketts auf dem Deckel platzieren, 7 Briketts unter dem Topf belassen. Alles ca. 1 Stunde köcheln lassen. Nochmal mit Salz, Pfeffer und Cayennepfeffer abschmecken und servieren.

## TIPP

*Was dazu?*
*Am liebsten Pommes!*
*Weißbrot geht aber auch.*

# GYROS

## SCHICHTFLEISCH MIT METAXA-SAUCE

### FÜR 6 PERSONEN

*1 rote Zwiebel*
*1 Knoblauchzehe*
*Olivenöl zum Anbraten*
*2 El Tomatenmark*
*70 ml Metaxa (oder einen anderen Weinbrand)*
*500 g stückige Tomaten aus der Dose*
*200 g Schmand*
*Salz*
*Pfeffer*
*1,5 kg Schweinenacken*
*5 El Gyros-Gewürz*
*250 g schwarze Oliven (ohne Stein)*
*250 g eingelegte grüne Chili*
*3 Paprikaschoten (rot, gelb, grün)*
*300 g Feta*
*500 g Bacon in Scheiben*

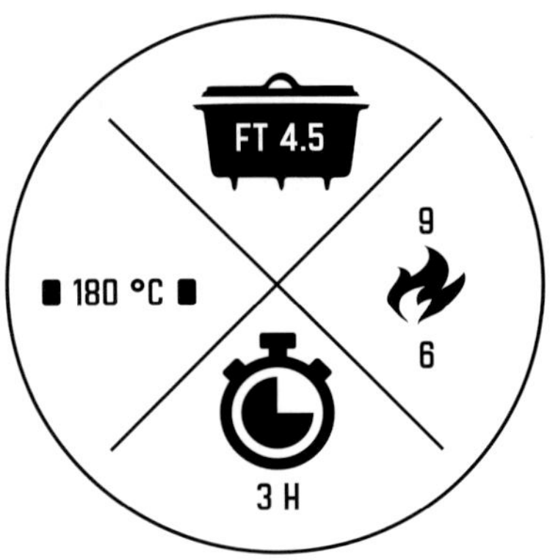


### VORBEREITEN: 15 BRIKETTS DURCHGLÜHEN

**1** Zunächst für die Sauce Zwiebel und Knoblauch schälen und fein hacken. In einem Topf Olivenöl erhitzen und Zwiebeln und Knoblauch darin glasig andünsten.

**2** Tomatenmark hinzufügen und kurz miträsten, mit Metaxa ablöschen und kurz etwas einkochen lassen. Tomaten aus der Dose einrühren und 10 Minuten köcheln lassen. Schmand einrühren und mit Salz und Pfeffer würzen.

**3** Schweinenacken in daumendicke Scheiben schneiden und mit der Gyros-Gewürzmischung bestreuen. Oliven fein hacken. Stiele der eingelegten Chilis entfernen. Paprika putzen, entkernen und in Streifen schneiden. Feta zerbröseln.

**4** Dutch Oven mit Bacon auslegen und anschließend hochkant stellen. Nun abwechselnd vom Rand aus Schweinenacken, Paprika, Feta, Oliven und eingelegte Chilis schichten. Alles mit der Sauce übergießen.

**5** Den Dutch Oven mit mittlerer Ober-/Unterhitze aufheizen (ca. 180 °C). Dafür 9 der durchgeglühten Briketts auf dem Deckel, 6 unter dem Topf platzieren. Das Schichtfleisch 2 Stunden schmoren.

## TIPP

*Die Suppe hat die richtige Konsistenz, wenn sie fast mit der Gabel gegessen werden kann.*

# ERBSENSUPPE

## MIT KASSLER UND BAUCHSPECK

### FÜR 6 PERSONEN

*250 g grüne getrocknete Schälerbsen*
*250 g grüne getrocknete Erbsen*
*300 g Kartoffeln*
*1 Zwiebel*
*2 Möhren*
*100 g Knollensellerie*
*2 El Pflanzenöl*
*4 Mettenden*
*400 g Kassler*
*4 Scheiben geräucherter Bauchspeck*
*½ Bund Liebstöckel*
*1 Tl Salz*
*2 Tl Pfeffer*

### VORBEREITEN: 20 BRIKETTS DURCHGLÜHEN

**1** Die Erbsen zusammen mit 1 ½ l Wasser über Nacht in einer Schüssel einweichen.

**2** Am nächsten Tag die Kartoffeln schälen und in 1 cm große Würfel schneiden. Das restliche Gemüse putzen bzw. schälen und in kleine Würfel schneiden.

**3** Den Dutch Oven mit mittlerer Unterhitze aufheizen (ca. 180 °C). Dafür die 20 durchgeglühten Briketts unter dem Topf platzieren. Öl im Topf erhitzen und Möhren, Zwiebeln und Sellerie glasig anschwitzen. Die Erbsen mit dem Einweichwasser hinzugeben. Mettenden, Kassler, Bauchspeckscheiben und den Liebstöckel dazugeben und den Deckel aufsetzen.

**4** Dutch Oven auf mittlere Ober-/Unterhitze umstellen (ca. 150 °C): 10 der Briketts auf dem Deckel platzieren, 8 Briketts unter dem Topf belassen, Rest beiseiteräumen. Die Erbsensuppe unter gelegentlichem Rühren 1 ½ Stunden schmoren. Dann die Kartoffelwürfel hinzugeben und diese in etwa 35 Minuten gar kochen. Nach dieser Zeit das Fleisch herausnehmen, mundgerecht zerteilen und zurück in die Suppe geben.

**5** Alles mit Salz und Pfeffer abschmecken und kräftig durchrühren.

# RÄUBERFLEISCH

**OPPA SACHT, DAS ESSEN ABER AUCH POLIZISTEN**

**FÜR 4 PERSONEN**

*1 rote Zwiebel*
*2 Knoblauchzehen*
*500 g Champignons*
*je 1 gelbe und rote Paprikaschote*
*4 Gewürzgurken*
*4 Schweineschnitzel à ca. 200 g (oder Hähnchenschnitzel)*
*Salz*
*Pfeffer*
*2 El Öl*
*2 El Tomatenmark*
*150 g Speckwürfel*
*250 ml Gemüsebrühe*
*200 g Schmand*
*1 Tl rosenscharfes Paprikapulver*
*1 Tl Tabasco*
*250 g geriebener mittelalter Gouda*

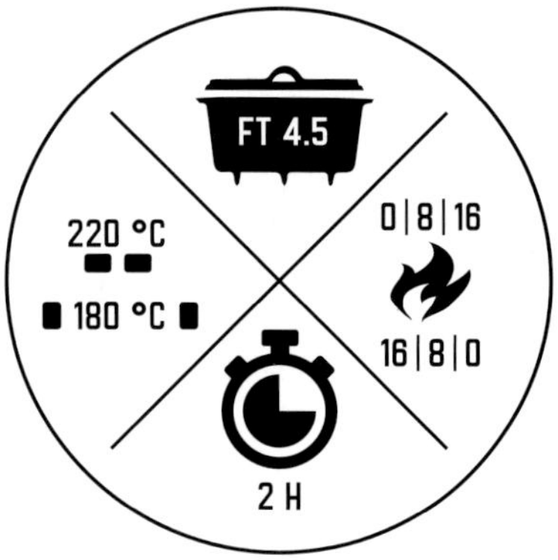


**VORBEREITEN: 16 BRIKETTS DURCHGLÜHEN**

**1** Zwiebel und Knoblauchzehen schälen und fein hacken. Champignons putzen und in feine Scheiben schneiden. Paprikaschoten putzen und in Streifen schneiden. Gewürzgurken ebenfalls in Streifen schneiden. Schnitzel trocken tupfen und mit Salz und Pfeffer würzen.

**2** Den Dutch Oven mit hoher Unterhitze aufheizen (ca. 220 °C). Dafür die 16 durchgeglühten Briketts unter dem Topf platzieren. Das Öl im Dutch Oven erhitzen und die Schnitzel darin kurz von beiden Seiten anbraten, dann herausnehmen. Zwiebel und Knoblauch in den Dutch geben und kurz anbraten. Tomatenmark, Speck, Champignons, Paprika und Gewürzgurken zugeben und alles ca. 5 Minuten braten.

**3** Mit der Gemüsebrühe ablöschen. Den Schmand einrühren. Paprikapulver und Tabasco unterrühren. Mit Salz und Pfeffer abschmecken. Dann die Schnitzel wieder in den Dutch Oven geben und in die Sauce legen.

**4** Den Deckel auf den Topf legen und den Dutch Oven auf mittlere Ober-/Unterhitze umstellen (ca. 180 °C): 8 der Briketts auf dem Deckel platzieren, 8 Briketts unter dem Topf belassen. Das Räuberfleisch ca. 45 Minuten garen.

**5** 10 Minuten vor Ende der Garzeit den Käse auf den Schnitzeln verteilen. Alle Briketts auf den Deckel legen und das Räuberfleisch mit dem Käse überbacken.

# SCHASCHLIK

## SPIEẞIGE ANGELEGENHEIT

### FÜR 4–6 PERSONEN

*500 g Schweinenacken*
*Salz*
*Pfeffer*
*300 g Speck*
*3 Paprikaschoten (rot, grün, gelb)*
*2 Zwiebeln*
*2 Knoblauchzehen*
*Öl zum Anbraten*
*2 El Tomatenmark*
*800 ml passierte Tomaten*
*250 ml Gemüsebrühe*
*200 ml Ketchup*
*2 Tl gemahlener Kreuzkümmel*
*3 Tl edelsüßes Paprikapulver*
*2 Tl Currypulver*
*1 El Zucker*
*4 El Honig*

**Außerdem**
*6 Holzspieße*

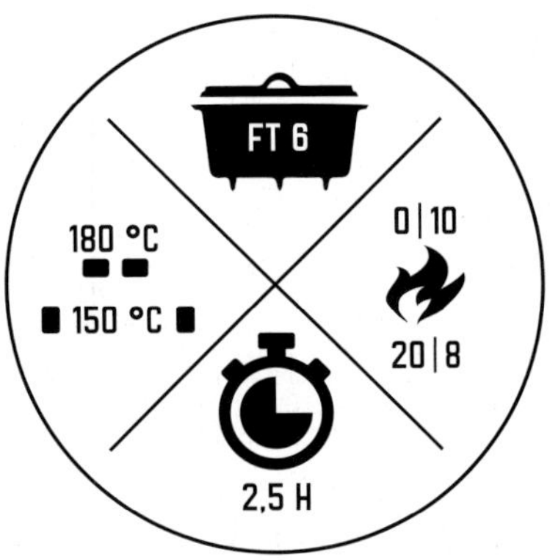


### VORBEREITEN: 20 BRIKETTS DURCHGLÜHEN

**1** Den Schweinenacken in mundgerechte Würfel schneiden und mit Salz und Pfeffer würzen, Speck in 5 mm dicke Würfel schneiden, Paprika entkernen und in mundgerechte Stücke schneiden. Zwiebeln schälen, eine Zwiebel vierteln und die Segmente voneinander lösen, die andere Zwiebel beiseitestellen.

**2** Schweinenacken, Speck, Paprika und Zwiebelstücke abwechselnd auf die Spieße stecken, es bleibt Speck übrig. Diesen fein würfeln. Die zweite Zwiebel ebenfalls fein würfeln. Knoblauch schälen und fein würfeln.

**3** Den Dutch Oven mit mittlerer Unterhitze aufheizen (ca. 180 °C). Dafür die 20 durchgeglühten Briketts unter dem Topf platzieren. Etwas Öl im Topf erhitzen und die Spieße darin von allen Seiten anbraten, anschließend herausnehmen.

**4** Zwiebeln und Speck in den Topf geben und anbraten, Tomatenmark dazugeben und 2–3 Minuten mitbraten, dann den Knoblauch dazugeben und kurz andünsten.

**5** Mit den passierten Tomaten und der Gemüsebrühe ablöschen, Ketchup, Gewürze, Zucker und Honig dazugeben. Die Spieße in die Sauce geben und den Deckel auflegen. Den Dutch Oven auf niedrige Ober-/Unterhitze umstellen (ca. 150 °C): 10 der Briketts auf dem Deckel platzieren, 8 Briketts unter dem Topf belassen, Rest beiseiteräumen. Schaschlik 90 Minuten schmoren lassen.

# SCHWEINEFILET

## MIT SPECK UMWICKELT

### FÜR 4 PERSONEN

*2 Schweinefilets (à 500 g)*
*2 Tl edelsüßes Paprikapulver*
*2 Tl getrocknete, italienische Kräuter*
*2 Tl brauner Zucker*
*2 Tl Salz*
*1 Tl Pfeffer*
*15 Scheiben Bacon*
*2 El Pflanzenöl*
*150 ml Geflügelbrühe*
*250 g Sahne*
*1 El Stärke*
*2 El kalte Butter*

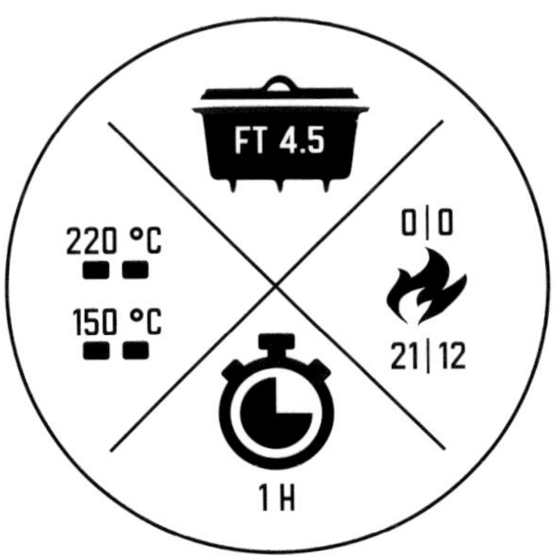


### VORBEREITEN: 21 BRIKETTS DURCHGLÜHEN

**1** Schweinefilets von Sehnen befreien. Alle Gewürze, Zucker, Salz und Pfeffer miteinander vermengen und 1 ½ Tl davon zur Seite stellen. Die restliche Gewürzmischung auf die Schweinefilets verteilen.

**2** Den Dutch Oven mit hoher Unterhitze aufheizen (ca. 220 °C). Dafür die 21 durchgeglühten Briketts unter dem Topf platzieren. Den Bacon um die Schweinefilets wickeln und ggf. mit Zahnstochern fixieren. Öl im Dutch Oven erhitzen und die Schweinefilets von allen Seiten goldbraun anbraten.

**3** Schweinefilets aus dem Topf nehmen und den Bratensatz mit der Geflügelbrühe lösen. Die Sahne dazugeben. Die Unterhitze auf ca. 150 °C reduzieren, dafür nur noch 12 Briketts unter dem Topf belassen, Rest beiseiteräumen. Schweinefilets dazugeben, den Topf mit dem Deckel schließen und die Filets 20 Minuten leicht köcheln lassen.

**4** Schweinefilets aus der Sauce nehmen und die Stärke unterrühren. Einmal aufkochen lassen. Von der Hitze nehmen und mit der beiseitegestellten Gewürzmischung abschmecken. Mit der kalten Butter abbinden. Schweinefilets in Scheiben schneiden und die Scheiben wieder in die Sauce geben.

# ZWIEBELSTEAKS

## WIE DER SAUERLÄNDER SIE MAG

### FÜR 4 PERSONEN

*1 kg Zwiebeln*

*500 g kleine Champignons*

*4 Nackensteaks vom Schwein à ca. 300 g*

*3 El mittelscharfer Senf*

*5 El Mehl*

*100 g geräucherter Bauchspeck*

*2 El Butterschmalz*

*400 g Sahne*

*300 g geriebener Cheddar*

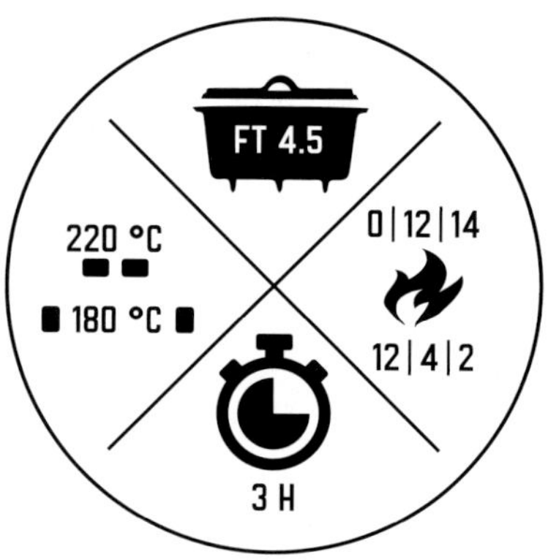


### VORBEREITEN: 16 BRIKETTS DURCHGLÜHEN

**1** Zwiebeln schälen und in feine Streifen schneiden. Pilze putzen. Nackensteaks trocken tupfen, mit Senf einreiben und rundherum in Mehl wälzen. Speck in feine Streifen schneiden.

**2** Den Dutch Oven mit hoher Unterhitze aufheizen (ca. 220 °C). Dafür 12 der durchgeglühten Briketts unter dem Topf platzieren. Butterschmalz im Dutch Oven zerlassen und die Nackensteaks darin von beiden Seiten goldbraun anbraten. Dann herausnehmen und den Speck anbraten. Zwiebeln zugeben und garen, bis sie leicht Farbe angenommen haben. Dann die Pilze zugeben und ebenfalls anbraten.

**3** Die Zwiebel-Pilz-Speck-Mischung aus dem Topf nehmen und den Topf von der Hitzequelle nehmen. Nun ein Drittel der Zwiebel-Pilz-Speck-Mischung in den Dutch Oven geben, 2 Steaks darauf platzieren, ein Drittel der Mischung darauf verteilen, die restlichen Steaks auflegen und die restliche Mischung darauf verteilen. Zum Schluss die Sahne angießen.

**4** Den Deckel auf den Topf legen und den Dutch Oven auf mittlere Ober-/Unterhitze umstellen (ca. 180 °C): 12 der Briketts auf dem Deckel platzieren, 4 Briketts unter dem Topf belassen. Alles ca. 90 Minuten schmoren lassen, bis die Sahne etwas einreduziert ist. Zwischendurch immer mal wieder prüfen, ob noch genug Flüssigkeit vorhanden ist.

**5** Nach der Garzeit den Cheddar über den Dutch-Inhalt streuen und schmelzen lassen. Dazu 2 Briketts unten belassen, die restlichen Briketts auf den Deckel geben.

# JAMAICAN JERK PORK

## EDEL GEHT DIE WELT ZUGRUNDE

### FÜR 6 PERSONEN

*1,5 kg Schweinefilet*
*Salz, 1 Bund Koriander*
*Habaneros (nach Geschmack)*
*½ Tl Zimtpulver*
*5 Nelken*
*1 Tl Pimentkörner*
*1 Tl geriebene Muskatnuss*
*2 El Honig*
*50 ml brauner Rum*
*50 ml Sojasauce*
*3 El brauner Zucker*
*Saft von 3 Limetten*
*100 ml BBQ-Sauce*
*200 ml Orangensaft*
*4 rote Zwiebeln*
*1 Bund Frühlingszwiebeln*
*2 Paprikaschoten (gelb, rot)*
*150 g Cocktailtomaten*
*3 Knoblauchzehen*
*1 El eingelegte grüne Pfefferkörner*
*150 g Tomatenmark*
*Pfeffer*

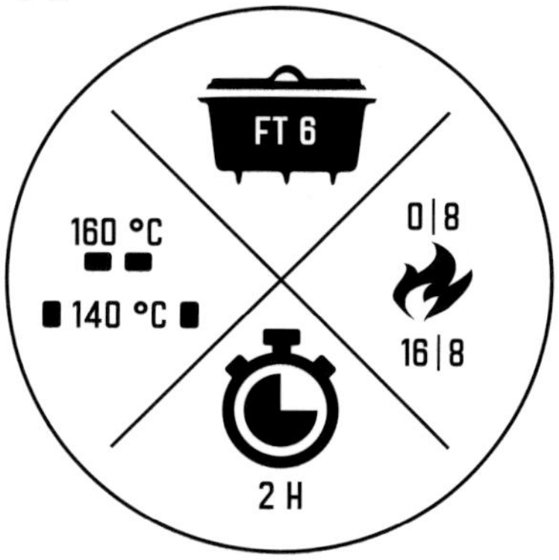


### VORBEREITEN: 16 BRIKETTS DURCHGLÜHEN

**1** Schweinefilet von Sehnen befreien und in etwa 5 cm dicke Scheiben schneiden. Mit Salz würzen.

**2** Koriander waschen, trocken tupfen. Mit Habanero, Zimt, Nelken, Piment, Muskatnuss, Honig, Rum, Sojasauce, Zucker, Limettensaft, BBQ-Sauce und Orangensaft in einen Mixer geben und ordentlich durchmixen. Anschließend ggf. durch ein Sieb streichen.

**3** Zwiebeln schälen, Frühlingszwiebeln putzen, beides in Ringe schneiden. Paprika waschen, entkernen und in Streifen schneiden. Cocktailtomaten halbieren, Knoblauch schälen und fein würfeln.

**4** Den Dutch Oven mit mittlerer Unterhitze aufheizen (ca. 160 °C). Dafür die 16 durchgeglühten Briketts unter dem Topf platzieren. Öl im Topf erhitzen und das Schweinefilet von beiden Seiten anbraten, dann herausnehmen und beiseitestellen.

**5** Zwiebeln, Frühlingszwiebeln und Knoblauch auf dem Boden des Dutch Oven verteilen und Schweinefilet darauflegen. Die Sauce aus dem Mixer über die Filets gießen. Cocktailtomaten, grünen Pfeffer und Paprikastreifen darüber verteilen.

**6** Den Deckel auf den Topf legen und den Dutch Oven auf niedrige Ober-/Unterhitze umstellen (ca. 140 °C): 8 der Briketts auf dem Deckel platzieren, 8 Briketts unter dem Topf belassen. 1 Stunde schmoren lassen. Dann das Tomatenmark unterrühren, weitere 5 Minuten köcheln lassen und mit Salz und Pfeffer abschmecken.

TIPP
Das Video zum Rezept

# SCHICHTFLEISCH

## FLEISCH UND ZWIEBELN – WAS WILLSTE MEHR?

### FÜR 6 PERSONEN

*2 kg Schweinenacken*
*3 Gemüsezwiebeln*
*4 El edelsüßes Paprikapulver*
*4 Tl Zwiebelgranulat*
*2 Tl geräuchertes Paprikapulver*
*2 Tl Senfpulver*
*2 Tl Knoblauchgranulat*
*2 Tl Ingwerpulver*
*1 Tl Chipotlepulver*
*1 Tl Pfeffer*
*2 Tl Salz*
*3 El brauner Zucker*
*15 Scheiben Bacon*
*150 ml BBQ-Sauce*

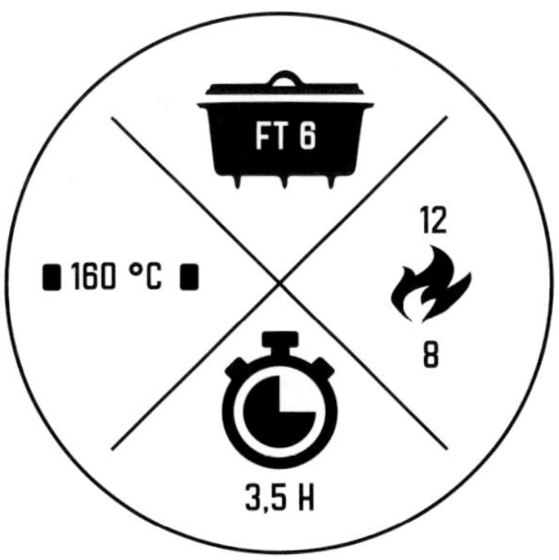


### VORBEREITEN: 20 BRIKETTS DURCHGLÜHEN

**1** Schweinenacken in 1 cm dicke Scheiben schneiden. Zwiebeln putzen und ebenfalls in Scheiben schneiden. Alle Gewürze mit Salz und Zucker vermengen. Den Schweinenacken mit der Mischung würzen und 20 Minuten abgedeckt in einer Schüssel ziehen lassen.

**2** Den Boden des Dutch Oven mit dem Bacon auslegen. Dann den Topf leicht ankippen und hochkant (also am Topfrand beginnend) abwechselnd eine Reihe Fleisch und eine Reihe Zwiebeln einschichten, bis der Dutch Oven voll ist. Die BBQ-Sauce darübergießen.

**3** Den Dutch Oven mit mittlerer Ober-/Unterhitze aufheizen (ca. 160 °C). Dafür 8 der durchgeglühten Briketts unter dem Topf, 12 auf dem Deckel platzieren. Das Schichtfleisch 2 ½ Stunden garen.

# WINZERBRATEN

## MIT LECKER SAUERKRAUT

### FÜR 4 PERSONEN

*1 Schweinenacken à ca. 2,5 kg*
*100 ml Weißwein*
*50 ml Madeira*
*Salz*
*Zucker*
*1 Zwiebel*
*2 El Öl*
*2 kg Weinsauerkraut*
*2 Lorbeerblätter*
*Pfeffer*

**Außerdem**
*Marinierspritze oder Ähnliches*

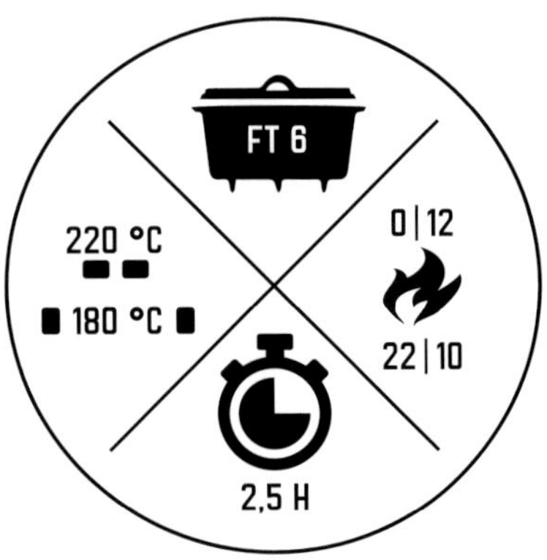


### VORBEREITEN: 22 BRIKETTS DURCHGLÜHEN

**1** Das Fleisch trocken tupfen. Wein und Madeira mit 15 g Salz und 5 g Zucker gut verrühren, bis sich Salz und Zucker aufgelöst haben. Die Flüssigkeit mit einer Marinierspritze aufziehen und gleichmäßig in das Fleisch spritzen. 1 Stunde im Kühlschrank ruhen lassen.

**2** Inzwischen die Zwiebel schälen und hacken. Den Dutch Oven mit hoher Unterhitze aufheizen (ca. 220 °C). Dafür die 22 durchgeglühten Briketts unter dem Topf platzieren. Das Öl in den Dutch Oven geben und erhitzen. Das Fleisch von allen Seiten darin schön braun anbraten. Herausnehmen, dann die Zwiebel hineingeben und glasig anschwitzen. Sauerkraut und Lorbeerblätter zugeben. Das Fleisch auf das Sauerkraut legen.

**3** Den Deckel auf den Topf legen und den Dutch Oven auf mittlere Ober-/Unterhitze umstellen (ca. 180 °C): 12 der Briketts auf dem Deckel platzieren, 10 Briketts unter dem Topf belassen. Alles so lange garen, bis das Fleisch eine Kerntemperatur von 70 °C hat. Zum Schluss das Sauerkraut mit Salz, Pfeffer und Zucker abschmecken und zusammen mit dem Fleisch servieren.

# SAUERLÄNDER DICKE BOHNEN

## BEI MUTTERN SCHMECKT ES DOCH IMMER AM BESTEN …

### FÜR 4 PERSONEN FÜR 2 TAGE

*1 Zwiebel*

*1 El Butterschmalz zum Anbraten*

*4 Mettwürstchen (Mettenden)*

*2 Gläser Große (Dicke) Bohnen à 420 g (inkl. Lake)*

*1 l Gemüsebrühe*

*1 Tl Salz*

*1 Tl Pfeffer*

*2 Tl getrocknetes Bohnenkraut*

*4 Scheiben Gelderländer Bauchspeck (fingerdick)*

*3 mehligkochende Kartoffeln*

### VORBEREITEN: 20 BRIKETTS DURCHGLÜHEN

**1** Den Dutch Oven mit mittlerer Unterhitze aufheizen (ca. 180 °C). Dafür die 20 durchgeglühten Briketts unter dem Topf platzieren. Die Zwiebel schälen und fein würfeln. Butterschmalz im Topf zerlassen und die Zwiebeln darin leicht Farbe annehmen lassen.

**2** Die Zwiebeln an die Seite schieben und die Mettwürstchen von beiden Seiten anbraten. Die Dicken Bohnen mit Lake dazugeben. Gemüsebrühe und 2 l Wasser angießen, mit Salz, Pfeffer und Bohnenkraut würzen und den Bauchspeck hineinlegen.

**3** Den Dutch Oven auf niedrige Ober-/Unterhitze umstellen (ca. 140 °C): 8 der Briketts auf dem Deckel platzieren, 8 Briketts unter dem Topf belassen, Rest beiseiteräumen. Die Bohnen 45 Minuten köcheln lassen. Zwischendurch einige Male umrühren.

**4** Die Kartoffeln schälen, reiben und nach 45 Minuten dazugeben und unterrühren. Weitere 40 Minuten unter gelegentlichem Rühren köcheln lassen, bis der Eintopf eine leicht angedickte Konsistenz hat. Alles mit Salz und Pfeffer abschmecken.

## TIPP

*Klassisch dazu Salzkartoffeln und Senf fürs Fleisch und der Sauerländer ist glücklich.*

FT 6
220 °C
160 °C
0|12
28|8
2 H

# CURRYWURST

## ALS SHEPHERD'S PIE

### FÜR 4-6 PERSONEN

**Für die Currysauce**

*1 rote Zwiebel*

*1 Knoblauchzehe*

*100 g Speck*

*5 El Balsamico*

*500 ml Ketchup*

*4 El Apfelmus*

*4 El Tomatenmark*

*1 El Salz*

*½ El Pfeffer*

*2 El brauner Zucker*

*3 El Currypulver*

*1 El Cayennepfeffer*

**Für den Pie**

*500 g mehligkochende Kartoffeln*

*3 El Butter*

*250 ml Milch*

*1 Tl Salz*

*½ Tl geriebene Muskatnuss*

*½ Tl Pfeffer*

**Außerdem**

*2 El Pflanzenöl zum Anbraten*

*10 Grillwürstchen*

### VORBEREITEN: 28 BRIKETTS DURCHGLÜHEN

**1** Zwiebel und Knoblauch schälen und fein würfeln. Den Speck ebenfalls fein würfeln und in einem normalen Topf auf dem Herd auslassen, Zwiebel hinzufügen und glasig anschwitzen. Knoblauch hinzufügen und kurz mitanschwitzen. Mit Balsamico ablöschen, Ketchup und Apfelmus dazugeben und einmal aufkochen lassen. Tomatenmark unterrühren und mit Salz, Pfeffer, Zucker, Currypulver und Cayennepfeffer würzen.

**2** Die Sauce bei mittlerer Hitze unter gelegentlichem Rühren etwa 1 Stunde köcheln lassen. Anschließend durch ein feines Sieb passieren.

**3** Die Kartoffeln schälen und in Salzwasser weich kochen. Das Wasser abgießen und die Kartoffeln zusammen mit der Butter stampfen. Milch, Salz, Muskat und Pfeffer zugeben und cremig rühren.

**4** Den Dutch Oven mit mittlerer Unterhitze aufheizen (ca. 220 °C). Dafür die 28 durchgeglühten Briketts unter dem Topf platzieren. Die Grillwürste in Scheiben schneiden. Öl im Dutch Oven erhitzen und die Würstchen darin von allen Seiten anbraten. Die Currysauce dazugeben.

**5** Die Currywurst mit dem Kartoffelstampf bedecken. Dutch Oven auf mittlere Ober-/Unterhitze umstellen (ca. 160 °C): 12 der Briketts auf dem Deckel platzieren, 8 Briketts unter dem Topf belassen, Rest beiseiteräumen. Pie ca. 25 Minuten backen, bis der Kartoffelstampf schön gebräunt ist.

# MAISSUPPE MIT BACON

## DER KLASSIKER VOM GRILL IN FLÜSSIG

### FÜR 4 PERSONEN

*250 g Bacon*

*1 Gemüsezwiebel*

*2 Knoblauchzehen*

*3 Dosen Mais à ca. 300 g*

*800 ml Fleischbrühe*

*2 Tl Salz*

*1 Tl Pfeffer*

*1 Tl getrockneter Oregano*

*½ Tl getrockneter Thymian*

*200 g Sahne*

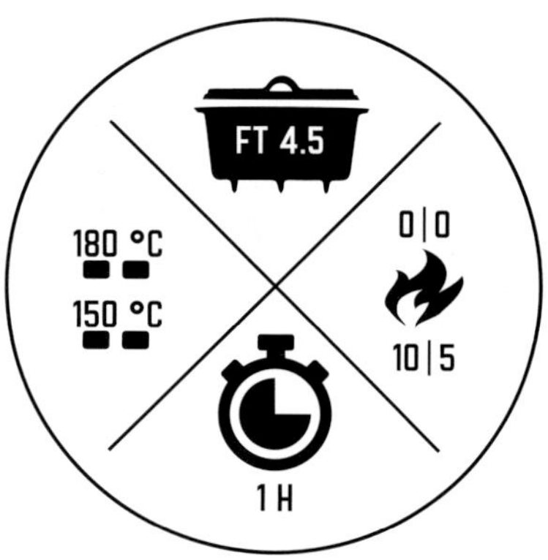


### VORBEREITEN: 10 BRIKETTS DURCHGLÜHEN

**1** Den Bacon in feine Streifen schneiden. Zwiebel und Knoblauchzehen schälen und in feine Würfel schneiden.

**2** Den Dutch Oven auf mittlere Unterhitze einstellen (ca. 180 °C). Dafür die 10 durchgeglühten Briketts unter dem Topf platzieren. Den Bacon sofort in den Dutch geben und in der langsam ansteigenden Hitze knusprig auslassen. Herausnehmen.

**3** Zwiebel und Knoblauch hineingeben und in dem Bratfett leicht farbig anschwitzen. Den Mais zugeben und alles verrühren. Die Brühe angießen.

**4** Den Deckel auf den Topf legen und den Dutch Oven auf niedrige Unterhitze umstellen (ca. 150 °C): 5 Briketts unter dem Topf belassen, Rest beiseiteräumen. Alles ca. 25 Minuten köcheln lassen.

**5** Die Suppe mit Salz, Pfeffer, Oregano und Thymian abschmecken, dann mit einem Pürierstab oder Stabmixer pürieren. Die Sahne zugeben und nochmal pürieren. Mit Bacon bestreut servieren.

**TIPP**

*Ganz feine Typen streichen die Suppe vor Zugabe der Sahne noch durch ein Sieb …*

# SAUERLÄNDER LANDHAUSTOPF

## SCHMECKT AUCH ZUM FRÜHSTÜCK

### FÜR 4 PERSONEN

*4 grobe frische Bratwürste*
*2 Zwiebeln*
*4 große Gewürzgurken*
*750 g gegarte Pellkartoffeln*
*Öl zum Anbraten*
*4 Eier*
*80 ml Milch*
*1 Tl edelsüßes Paprikapulver*
*1 Tl Salz*
*1 Tl Pfeffer*
*Petersilie zum Anrichten*

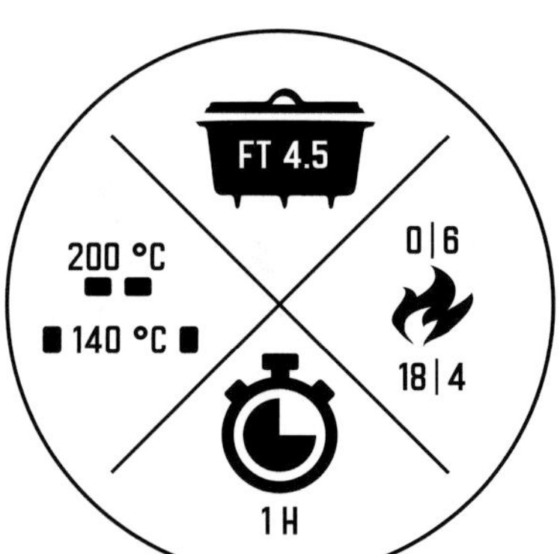


### VORBEREITEN: 18 BRIKETTS DURCHGLÜHEN

**1** Die Würste vom Darm befreien und das Brät zu kleinen Hackbällchen rollen. Die Zwiebel schälen und würfeln. Gewürzgurken in Stifte schneiden. Die Kartoffeln pellen und in dicke Scheiben schneiden.

**2** Den Dutch Oven mit hoher Unterhitze aufheizen (ca. 200 °C). Dafür die 18 durchgeglühten Briketts unter dem Topf platzieren. Öl im Topf erhitzen und die Hackbällchen darin von allen Seiten knusprig anbraten. Die Zwiebeln dazugeben und ebenfalls anbraten. Hackbällchen und Zwiebeln herausnehmen und beiseitestellen.

**3** Noch etwas Öl in den Topf geben und die Kartoffeln schön anbraten. Hackbällchen und Zwiebeln zu den Kartoffeln geben. Die Gurkenstifte unterrühren.

**4** Eier und Milch verquirlen, Paprikapulver, Salz und Pfeffer unterrühren. Den Dutch Oven kurz von den Briketts nehmen und die Ei-Masse dazugeben. Deckel schließen.

**5** Den Dutch Oven auf niedrige Ober-/Unterhitze umstellen (ca. 140 °C): 6 der Briketts auf dem Deckel, 4 Briketts unter dem Topf belassen, Rest beiseiteräumen. Die Eier 10 Minuten stocken lassen.

**6** Währenddessen die Petersilie waschen, trocken tupfen und fein hacken und zum Servieren über die Eier streuen.

## TIPP

*Im Sauerland gibt's den Landhaustopf oft zum Frühstück. Das gibt Kraft für den rauen Alltag im Sauerland … oder das anstehende Schützenfest!*

# SCHNECKCHEN

## AUS BLÄTTERTEIG MIT MOZZARELLA UND SALAMI

### FÜR 4 PERSONEN

*1 Blätterteigrolle (FP)*

*200 g rotes Pesto*

*250 g Mozzarella*

*100 g Salami*

*50 g getrocknete Tomaten*

*50 g entsteinte grüne oder schwarze Oliven (nach Geschmack)*

*½ Bund Basilikum*

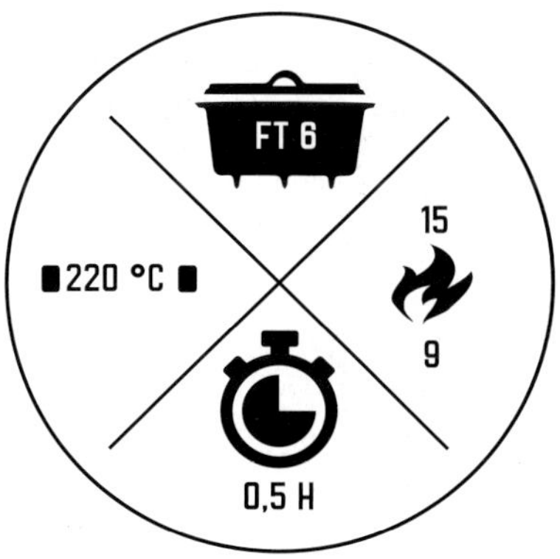


### VORBEREITEN: 24 BRIKETTS DURCHGLÜHEN

**1** Den Blätterteig ausrollen und mit dem Pesto Rosso bestreichen. Mozzarella in feine Stücke schneiden und auf dem Blätterteig verteilen. Salami in feine Würfel schneiden, Oliven und getrocknete Tomaten fein hacken und mit auf den Blätterteig geben.

**2** Basilikumblättchen von den Stängeln zupfen, grob zerpflücken und ebenfalls auf den Blätterteig geben. Den Blätterteig der Länge nach aufrollen und in etwa 6 cm dicke Röllchen schneiden.

**3** Den Dutch Oven mit mittlerer Ober-/Unterhitze aufheizen (ca. 220 °C). Dafür 9 der durchgeglühten Briketts unter dem Topf, 15 auf dem Deckel platzieren. Etwas Backpapier hineinlegen, die Blätterteigschnecken nebeneinander mit den Schnittflächen in den Dutch Oven setzen. Den Deckel auflegen und 25 Minuten backen, bis die Blätterteigschnecken goldbraun und aufgegangen sind.

# KAP-04

# GEFLÜGEL, LAMM & WILD

# ARROZ CON POLLO

## HÄHNCHEN MIT SPANISCHER LEBENSFREUDE

**FÜR 4 PERSONEN**

*1 kg Hähnchenbrustfilet*
*2 rote Zwiebeln*
*2 Knoblauchzehen*
*1 rote Paprikaschote*
*1 Fleischtomate*
*2 El Öl*
*150 ml Weißwein*
*550 ml Hühnerbrühe*
*1 Gewürznelke*
*1 Lorbeerblatt*
*1 Prise Safran*
*2 Tl Salz*
*1 Tl Pfeffer*
*250 g Langkornreis*
*200 g Erbsen (TK)*

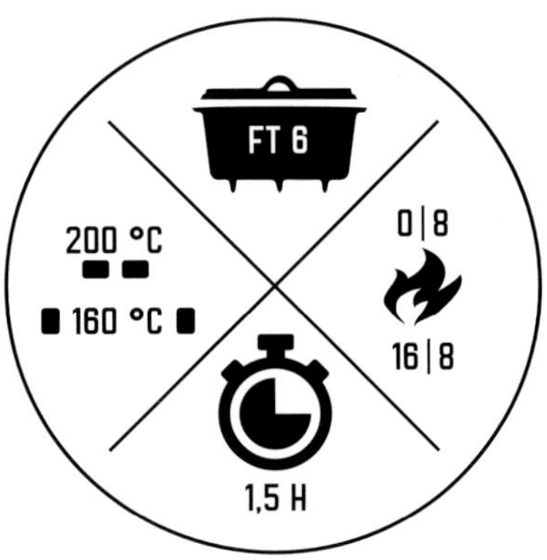


**VORBEREITEN: 16 BRIKETTS DURCHGLÜHEN**

**1** Das Hähnchenbrustfilet trocken tupfen und in mundgerechte Stücke schneiden. Zwiebeln und Knoblauch schälen und fein hacken. Paprika putzen und in kleine Würfel schneiden. Den Stielansatz der Fleischtomate rausschneiden und die Tomate ebenfalls klein würfeln.

**2** Den Dutch Oven mit hoher Unterhitze aufheizen (ca. 200 °C). Dafür die 16 durchgeglühten Briketts unter dem Topf platzieren. Das Öl im Dutch Oven erhitzen und das Fleisch darin von allen Seiten anbraten. Knoblauch und Paprika zugeben und kurz mitbraten. Anschließend Zwiebeln und Tomatenwürfel zugeben, kurz braten, dann mit Wein und Brühe ablöschen. Gewürznelke, Lorbeerblatt und die Gewürze zugeben und unterrühren.

**3** Den Deckel auf den Topf legen und den Dutch Oven auf mittlere Ober-/Unterhitze umstellen (ca. 160 °C): 8 der Briketts auf dem Deckel platzieren, 8 Briketts unter dem Topf belassen. Alles ca. 15 Minuten köcheln lassen.

**4** Die Nelke und das Lorbeerblatt entfernen. Den Reis zugeben und bissfest garen. Sollte die Menge an Flüssigkeit nicht ausreichen, noch etwas Brühe bzw. Wasser zugießen. Etwa 5 Minuten vor Garzeitende die Erbsen zugeben und untermischen.

# COQ AU VIN

## WEINSELIGES HÜHNCHEN

### FÜR 4–6 PERSONEN

*6 Scheiben Bacon*  
*150 g Champignons*  
*5 Schalotten*  
*4 Knoblauchzehen*  
*200 g Drillinge (kleine Kartoffeln)*  
*3 Möhren*  
*3 Zweige Thymian*  
*2 Zweige Rosmarin*  
*Butterschmalz zum Anbraten*  
*Salz*  
*Pfeffer*  
*4–6 Hähnchenschenkel (mit Rückenteil)*  
*1 El Tomatenmark*  
*350 ml Rotwein*  
*300 ml Geflügelfond*  
*1 Lorbeerblatt*  
*1 El Speisestärke*

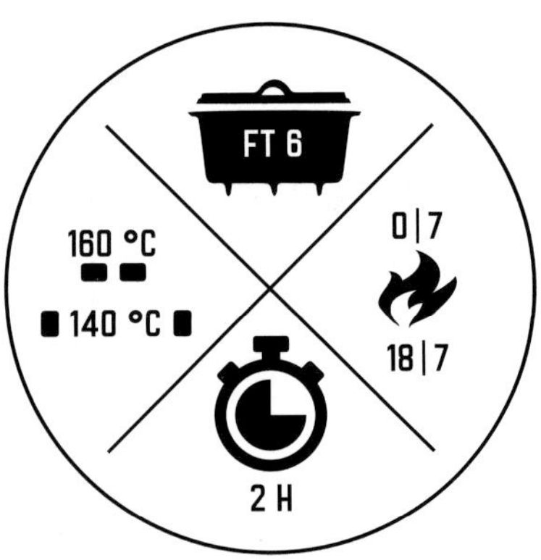


### VORBEREITEN: 18 BRIKETTS DURCHGLÜHEN

**1** Den Bacon in feine Streifen schneiden. Champignons putzen und halbieren, Schalotten schälen und vierteln, Knoblauch fein würfeln. Drillinge und Möhren putzen, die Kartoffeln grob und die Möhren fein würfeln. Thymian und Rosmarin waschen und mit etwas Küchengarn zusammenbinden.

**2** Den Dutch Oven mit mittlerer Unterhitze aufheizen (ca. 160 °C). Dafür die 18 durchgeglühten Briketts unter dem Topf platzieren. Etwas Butterschmalz im Topf zerlassen und Bacon, Champignons, Schalotten und Kartoffeln darin schön anbraten. Leicht salzen und pfeffern und in eine Schüssel umfüllen.

**3** Die Hähnchenschenkel salzen und mit noch etwas Butterschmalz im Topf rundum kräftig anbraten. Tomatenmark hinzugeben, kurz mitrösten, dann mit der Hälfte des Rotweins ablöschen. Aufkochen und 5 Minuten köcheln lassen. Dann das angebratene Gemüse zurück in den Dutch Oven geben.

**4** Den restlichen Rotwein, den Geflügelfond, Lorbeer, Thymian und Rosmarin zum Hähnchen geben und den Deckel aufsetzen.

**5** Den Dutch Oven auf niedrige Ober-/Unterhitze umstellen (ca. 140 °C): 7 der Briketts auf dem Deckel platzieren, 7 Briketts unter dem Topf belassen, Rest beiseiteräumen. Das Hähnchen 45 Minuten schmoren.

**6** Speisestärke mit 1 El Wasser mischen und in die Sauce einrühren. Nochmals aufkochen, mit Salz und Pfeffer abschmecken und in einem tiefen Teller servieren.

ORIGINAL
Petromax
GERMANY

# HÄHNCHENSCHENKEL

## MIT MEDITERRANEM GEMÜSE

### FÜR 4 PERSONEN

*4 Hähnchenunterkeulen mit Rückenteil*
*3 Tl Salz*
*2 Tl Pfeffer*
*2 Zwiebeln*
*2 Zucchini*
*2 Tomaten*
*1 Aubergine*
*2 rote Paprikaschoten*
*3 Knoblauchzehen*
*1 Zweig Rosmarin*
*2 Zweige Thymian*
*1 Tl getrockneter Oregano*
*8 El Olivenöl*

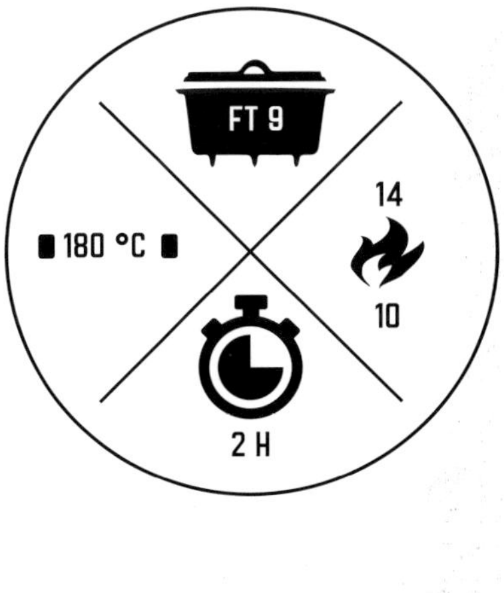


### VORBEREITEN: 24 BRIKETTS DURCHGLÜHEN

**1** Hähnchenschenkel waschen und trocken tupfen und mit je 1 Tl Salz und Pfeffer würzen. Gemüse putzen und in grobe Stücke schneiden. Die Kräuter von den Zweigen streifen und mit dem restlichen Salz und Pfeffer sowie mit Oregano und Olivenöl in einer Schüssel vermengen. Das Gemüse mit dem Kräuteröl 20 Minuten marinieren.

**2** Den Dutch Oven mit mittlerer Ober-/Unterhitze aufheizen (ca. 180 °C). Dafür 10 der durchgeglühten Briketts unter dem Topf, 14 auf dem Deckel platzieren. Das Gemüse mit dem Mariniersud in den Dutch Oven geben. Hähnchenschenkel auf das Gemüse legen, den Deckel auflegen und ca. 80 Minuten garen.

# PUTEN-INVOLTINI

## DIE FÜLLUNG KANN WAS

### FÜR 4 PERSONEN

*125 g Provolone oder Parmesan*
*50 g Mandelkerne*
*50 g schwarze Oliven ohne Stein*
*4 Schalotten*
*4 Putenschnitzel à ca. 200 g*
*2 El Butterschmalz*
*1 El Tomatenmark*
*500 g passierte Tomaten aus der Dose*
*200 g Sahne*
*1 Tl getrockneter Oregano*
*2 Tl edelsüßes Paprikapulver*
*Salz*
*Pfeffer*
*2 Zweige Thymian*
*10 Basilikumblättchen*

**Außerdem**
*Zahnstocher*

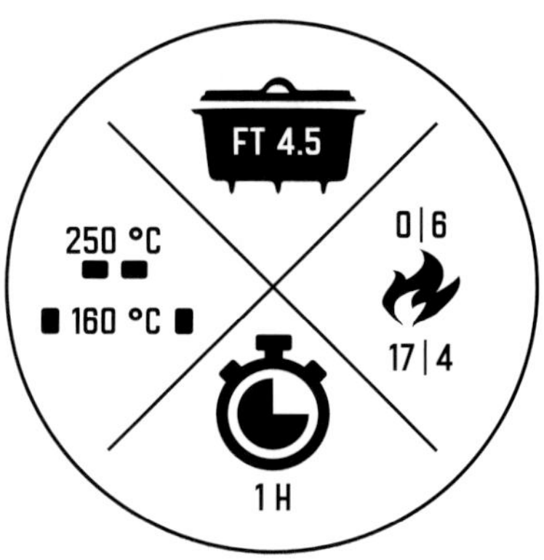


### VORBEREITEN: 17 BRIKETTS DURCHGLÜHEN

**1** Den Käse fein reiben. Mandeln und Oliven grob hacken, je 1 Tl beiseitestellen, den Rest mit dem Käse vermischen. Schalotten schälen und in Streifen schneiden.

**2** Die Putenschnitzel trocken tupfen und flach klopfen. Die Oliven-Käse-Mischung gleichmäßig darauf verstreichen. Fest aufrollen und mit Zahnstochern fixieren.

**3** Den Dutch Oven mit hoher Unterhitze aufheizen (ca. 250 °C). Dafür die 17 durchgeglühten Briketts unter dem Topf platzieren. Das Butterschmalz im Dutch Oven zerlassen und die Putenröllchen darin rundherum kräftig anbraten, dann herausnehmen.

**4** Schalotten, restliche Mandeln und restliche Oliven hineingeben und kurz anbraten. Tomatenmark zugeben und anschwitzen. Mit passierten Tomaten, Sahne und ca. 150 ml Wasser ablöschen. Oregano und Paprikapulver zugeben, mit Salz und Pfeffer abschmecken und alles aufkochen lassen. Zum Schluss die Putenröllchen und die Thymianzweige zugeben.

**5** Den Deckel auf den Topf legen und den Dutch Oven auf mittlere Ober-/Unterhitze umstellen (ca. 160 °C): 6 der Briketts auf dem Deckel platzieren, 4 Briketts unter dem Topf belassen, Rest beiseiteräumen. Alles ca. 15 Minuten schmoren lassen.

**6** Die Thymianzweige herausfischen. Mit Salz und Pfeffer abschmecken. Das Basilikum in feine Streifen schneiden und untermischen.

TIPP
Dazu passen Ciabatta, Reis oder Nudeln.

# BÄRLAUCH-PASTA

## MIT HÄHNCHENBRUSTFILETS

### FÜR 6 PERSONEN

*4 kleine Zwiebeln*
*150 g Bärlauch*
*500 g Spinat (am besten frisch)*
*1 Bund Radieschen*
*500 g bunte Cocktailtomaten*
*1 unbehandelte Bio-Limette*
*4 Hähnchenbrustfilets*
*Salz*
*Pfeffer*
*1 El Pflanzenöl*
*800 ml Geflügelfond*
*500 ml Kokosmilch*
*1 kg Penne*

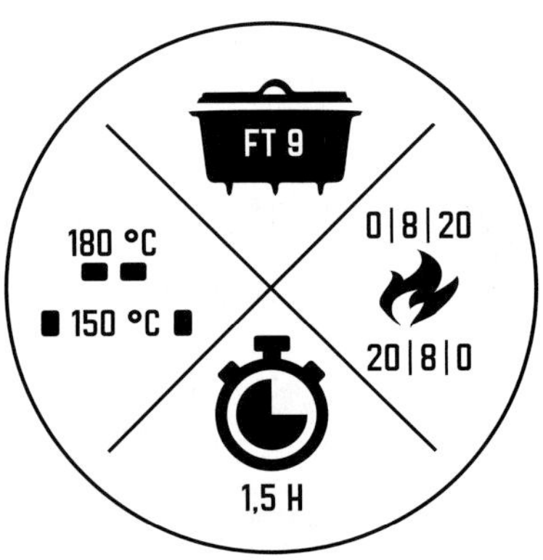


### VORBEREITEN: 20 BRIKETTS DURCHGLÜHEN

**1** Zwiebeln schälen und fein würfeln. Den Bärlauch, das Gemüse und die Limette putzen bzw. waschen. Bärlauch und Spinat fein hacken, Radieschen in Scheiben schneiden, Cocktailtomaten und Limette halbieren. Die Hähnchenbrustfilets mit Salz und Pfeffer würzen.

**2** Den Dutch Oven mit mittlerer Unterhitze aufheizen (ca. 180 °C). Dafür die 20 durchgeglühten Briketts unter dem Topf platzieren. Öl im Topf erhitzen und die Zwiebeln kurz anschwitzen. Mit dem Geflügelfond, 1 l Wasser und Kokosmilch ablöschen und einmal aufkochen.

**3** Die Nudeln mit dem Spinat und dem Bärlauch in den Dutch Oven geben und alles nochmals aufkochen. Hähnchenbrustfilets auf die Pasta geben und den Dutch Oven mit dem Deckel verschließen.

**4** Dutch Oven auf niedrige Ober-/Unterhitze umstellen (ca. 150 °C): 8 der Briketts auf dem Deckel platzieren, 8 Briketts unter dem Topf belassen, Rest zum Überbacken beiseitestellen.

**5** Die Pasta 25 Minuten köcheln lassen, hin und wieder vorsichtig rühren, die Hähnchenbrustfilet sollen weiter auf der Pasta liegen. Nun alle 20 Briketts auf den Deckel des Topfes legen und die Filets weitere 15 Minuten garen, bis sie schön gebräunt sind.

**6** Schließlich die Hähnchenbrustfilets aus dem Topf nehmen und die Cocktailtomaten sowie die Radieschen in die Pasta rühren. Die Hähnchenbrustfilet zerteilen und mit der Pasta servieren.

# PULLED CHICKEN

## FRUCHTIG MIT ANANAS UND PFIRSICH

### FÜR 4 PERSONEN

*4 Hähnchenbrustfilets*
*2 Tl Currypulver*
*1 Tl edelsüßes Paprikapulver*
*1 Tl Zucker*
*1 Tl gemahlener Kreuzkümmel*
*1 Tl getrockneter Thymian*
*1 Tl Salz*
*1 Tl Pfeffer*
*2 rote Zwiebeln*
*2 rote Paprikaschoten*
*100 g Ananas aus der Dose*
*200 g Pfirsiche aus der Dose*
*1 El Pflanzenöl*
*1 El Tomatenmark*
*100 g Reis*
*100 g Mais aus der Dose*
*500 ml Geflügelfond*
*350 g Kokosmilch*

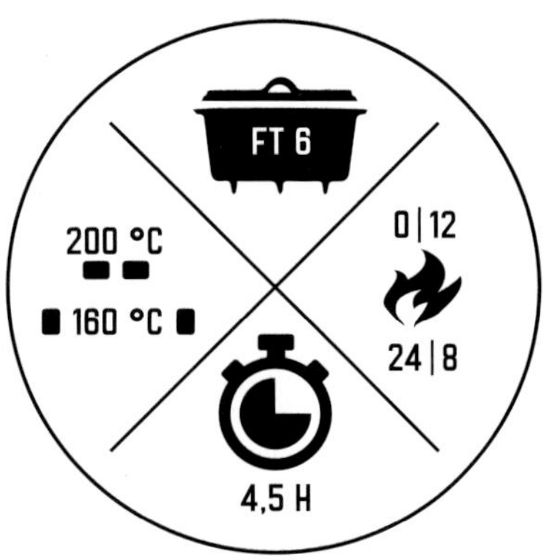


### VORBEREITEN: 24 BRIKETTS DURCHGLÜHEN

**1** Hähnchenbrustfilets abwaschen und trocken tupfen. Die Gewürze mit Salz und Pfeffer vermengen und das Hähnchen damit einreiben. Im Kühlschrank 2 Stunden marinieren. Zwiebeln schälen und fein würfeln. Paprika putzen und in Streifen schneiden. Ananas und Pfirsiche durch ein Sieb abschütten und in grobe Würfel schneiden.

**2** Den Dutch Oven mit hoher Unterhitze aufheizen (ca. 200 °C). Dafür die 24 durchgeglühten Briketts unter dem Topf platzieren. Öl im Topf erhitzen und die Zwiebeln darin anschwitzen. Das Tomatenmark und die Paprika dazugeben und mitbraten. Reis, Obst und Mais dazugeben und kurz durchrühren.

**3** Geflügelfond und Kokosmilch angießen, die Hähnchenbrustfilets mit in den Feuertopf geben und den Topf mit dem Deckel schließen.

**4** Dutch Oven auf mittlere Ober-/Unterhitze umstellen (ca. 160 °C): 12 der Briketts auf dem Deckel platzieren, 8 Briketts unter dem Topf belassen, Rest beiseiteräumen. Das Hähnchen 2 Stunden köcheln lassen (alle 30 Minuten umrühren). Sollte nicht mehr genügend Flüssigkeit vorhanden sein, etwas Geflügelfond angießen.

**5** Das gegarte Hühnchen mit zwei Gabeln auseinanderrupfen, alles mit Salz und Curry abschmecken.

**TIPP**

*Das fertige Gericht mit Ananas und frischer Mango garnieren.*

## TIPP

*Klassischerweise gibt's Reis dazu. Wer keine Garnelen mag, lässt sie einfach weg!*

# GUMBO

## SÜDSTAATENKÜCHE VON „ÜBERM GROßEN TEICH"

### FÜR 4 PERSONEN

*1 kg Hähnchenbrustfilet*
*300 g Bauchspeck*
*250 g Chorizo*
*4 Zwiebeln*
*4 Knoblauchzehen*
*10 Okraschoten (Asialaden)*
*3 Stangen Staudensellerie*
*3 Paprikaschoten (rot, gelb, grün)*
*4 Süßkartoffeln*
*150 ml Öl*
*150 g Mehl*
*1 l Hühnerbrühe*
*2 El Worcestersauce*
*7 Zweige Thymian*
*3 Lorbeerblätter*
*Salz, Pfeffer*
*300 g küchenfertige Garnelen*

**Außerdem**

*2 unbehandelte Limetten*
*1 Bund gehackte Petersilie*

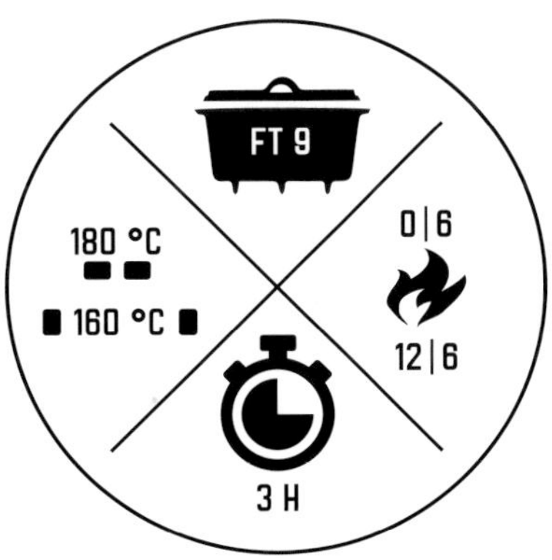


### VORBEREITEN: 12 BRIKETTS DURCHGLÜHEN

**1** Das Hähnchenbrustfilet trocken tupfen und in mundgerechte Stücke schneiden. Speck in kleine Würfel schneiden. Chorizo in Scheiben schneiden.

**2** Zwiebeln und Knoblauchzehen schälen und fein hacken. Okraschoten und Staudensellerie putzen und in Ringe schneiden. Paprikaschoten putzen und in Streifen schneiden. Süßkartoffeln schälen und in grobe Stücke schneiden.

**3** Den Dutch Oven mit mittlerer Unterhitze aufheizen (ca. 180 °C). Dafür die 12 durchgeglühten Briketts unter dem Topf platzieren. Das Öl in den Dutch Oven geben und leicht erhitzen. Das Mehl unter ständigem Rühren hineingeben und mehrere Minuten karamellfarbig anschwitzen. Dann Fleisch, Speck, Chorizo, Gemüse und alle restlichen Gumbo-Zutaten – bis auf die Garnelen – zugeben. Alles ordentlich verrühren und mit Salz und Pfeffer abschmecken.

**4** Den Deckel auf den Topf legen und den Dutch Oven auf mittlere Ober-/Unterhitze umstellen (ca. 160 °C): 6 der Briketts auf dem Deckel platzieren, 6 Briketts unter dem Topf belassen. Das Gumbo ca. 2 Stunden köcheln lassen. Dabei ca. 30 Minuten vor Ende der Garzeit die Garnelen zugeben. Das Gumbo mit Limettenvierteln und Petersilie bestreut servieren.

# ERDNUSSLAMM

## DER DUTCH KANN AUCH EXOTISCH

### FÜR 6 PERSONEN

*6 Lammhinterhaxen*

*Salz*

*Pfeffer*

*1 Paprikaschote*

*1 Chilischote*

*2 Dosen geschälte Tomaten à 400 g*

*2 El Öl*

*1 Dose Kidneybohnen (400 g)*

*800 ml Lammfond*

*1 El Ras el-Hanout*

*½ Tl gemahlener Anis*

*3 El Erdnusscreme*

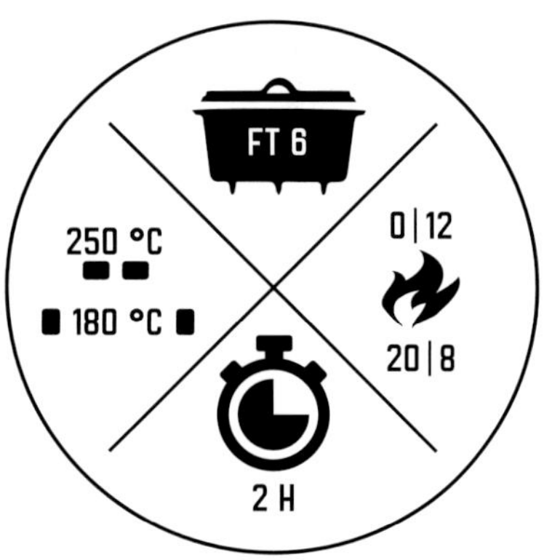


### VORBEREITEN: 20 BRIKETTS DURCHGLÜHEN

**1** Die Lammhaxen trocken tupfen und rundherum mit Salz und Pfeffer würzen. Paprika putzen und in nicht zu kleine Stücke schneiden. Chili putzen und fein hacken. Die Tomaten in grobe Stücke schneiden.

**2** Den Dutch Oven mit hoher Unterhitze aufheizen (ca. 250 °C). Dafür die 20 durchgeglühten Briketts unter dem Topf platzieren. Das Öl im Dutch erhitzen und die Lammhaxen darin rundherum anbraten. Paprika, Chili, Tomaten und Kidneybohnen zugeben und den Lammfond zugießen. Ras el-Hanout und Anis einrühren.

**3** Den Deckel auf den Topf legen und den Dutch Oven auf mittlere Ober-/Unterhitze umstellen (ca. 180 °C): 12 der Briketts auf dem Deckel platzieren, 8 Briketts unter dem Topf belassen. Alles ca. 1 Stunde schmoren lassen.

**4** Die Erdnusscreme einrühren und weitere 30 Minuten schmoren lassen. Mit Salz und Pfeffer abschmecken.

TIPP
Super dazu:
Fladenbrot oder einfache
Weizenfladen!

# LAMM-PILAW

## MIT GETROCKNETEN APRIKOSEN UND ROSINEN

### FÜR 6 PERSONEN

*1 kg Lammschulter ohne Knochen*

*2 Zwiebeln*

*3 Möhren*

*1 Knoblauchknolle*

*100 ml Sonnenblumenöl*

*¾ Tl gemahlener Kreuzkümmel*

*2 Tl Pfeffer*

*3 Tl Salz*

*400 g Langkornreis*

*30 g Rosinen*

*20g getrocknete Aprikosen*

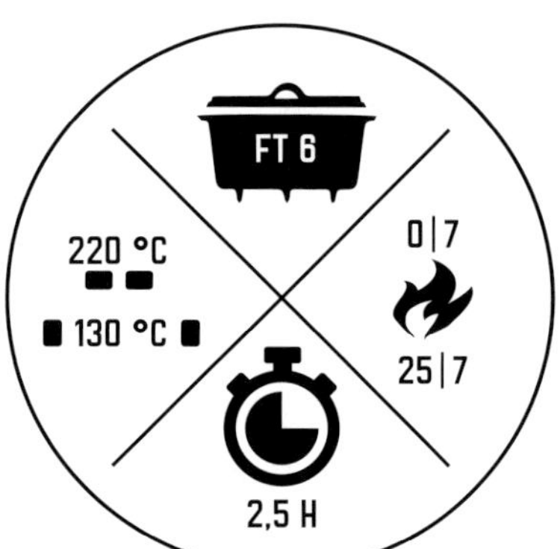


### VORBEREITEN: 25 BRIKETTS DURCHGLÜHEN

**1** Die Lammschulter in 4 cm große Würfel schneiden. Die Zwiebeln schälen und würfeln. Möhren putzen und grob reiben. Die Knoblauchknolle von der Wurzel befreien und die trockenen, losen Schalen entfernen, aber nicht auseinandernehmen.

**2** Den Dutch Oven mit hoher Unterhitze aufheizen (ca. 220 °C). Dafür die 25 durchgeglühten Briketts unter dem Topf platzieren. Das komplette Sonnenblumenöl im Topf erhitzen und das Lammfleisch im heißen Öl von allen Seiten anbraten.

**3** Möhren und Zwiebeln dazugeben und kräftig Farbe annehmen lassen. Kreuzkümmel, Pfeffer und Salz dazugeben und so viel Wasser angießen, dass alles 1 cm hoch bedeckt ist. Die Knoblauchknolle in die Mitte setzen, sodass die Unterseite leicht im Wasser ist.

**4** Den Deckel auf den Topf legen und den Dutch Oven auf niedrige Ober-/Unterhitze umstellen (ca. 130 °C): 7 der Briketts auf dem Deckel platzieren, 7 Briketts unter dem Topf belassen, Rest beiseiteräumen. Das Lamm 1 Stunde schmoren.

**5** Den Reis mehrfach unter kaltem Wasser auswaschen, bis das Wasser nicht mehr trüb ist. Nach Ablauf der Stunde die Knoblauchknolle aus dem Topf nehmen und Reis, Rosinen und Aprikosen in den Sud geben. Einmal umrühren und ggf. etwas Wasser nachgießen, bis wieder alles 1 cm hoch bedeckt ist. Die Knoblauchknolle wieder in die Mitte setzen, den Deckel aufsetzen und weitere 25–30 Minuten ohne Rühren fertig garen.

**6** Dann den Deckel abnehmen, mit dem Stiel eines Holzkochlöffels ein Loch bis auf den Boden des Topfes machen und nachsehen, ob die Flüssigkeit komplett aufgenommen wurde, wenn nicht, einfach noch ein wenig weiter garen, bis leichte Bruzzelgeräusche zu hören sind.

TIPP
Wenn der Reis leicht ansetzt und eine Kruste bildet, gibt das dem Gericht den besonderen Touch.

# HUBERTUS-TOPF

## EIN HALALI DEM BRENKSCHEN FORST UND SCHRECKENBERG

### FÜR 4 PERSONEN

*1 kg Hirschgulasch*
*100 g durchwachsener Speck*
*4 rote Zwiebeln*
*100 g Möhren*
*1 Stange Staudensellerie*
*200 g kleine Champignons*
*50 g getrocknete Tomaten in Öl*
*1 unbehandelte Orange*
*2 El Öl*
*2 Tl Tomatenmark*
*500 ml trockener Rotwein*
*250 ml Wildfond*
*250 ml Portwein*
*Salz*
*Pfeffer*
*5 Zweige Thymian*
*100 g grob gehackte Zartbitterschokolade*
*4 El Preiselbeerkompott*
*Zucker*
*5 Zweige Rosmarin*

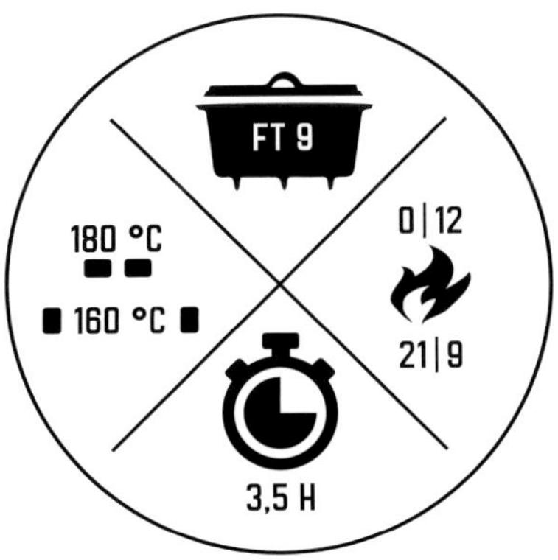


### VORBEREITEN: 21 BRIKETTS DURCHGLÜHEN

**1** Das Hirschgulasch trocken tupfen. Speck in feine Würfel schneiden. Zwiebeln schälen und fein hacken. Möhren und Staudensellerie putzen, schälen und fein würfeln. Champignons putzen und halbieren. Die getrockneten Tomaten in feine Streifen schneiden. Orange in Scheiben schneiden.

**2** Den Dutch Oven mit mittlerer Unterhitze aufheizen (ca. 180 °C). Dafür die 21 durchgeglühten Briketts unter dem Topf platzieren. Das Öl im Dutch Oven erhitzen und Fleisch und Speck darin anbraten. Nach ca. 5 Minuten die Zwiebelwürfel zugeben und unter Rühren weitere 5 Minuten braten. Tomatenmark unterrühren und kurz mitbraten. Mit 200 ml Rotwein ablöschen und die Flüssigkeit ganz einkochen lassen. Nun den restlichen Rotwein, den Wildfond und den Portwein zugeben und alles einmal aufkochen lassen. Möhren, Staudensellerie und Champignons zugeben. Mit Salz und Pfeffer abschmecken und die getrockneten Tomaten, die Orangenscheiben und die Thymianzweige zugeben.

**3** Den Deckel auf den Topf legen und den Dutch Oven auf mittlere Ober-/Unterhitze umstellen (ca. 160 °C): 12 der Briketts auf dem Deckel platzieren, 9 Briketts unter dem Topf belassen. Das Gulasch ca. 90 Minuten köcheln lassen, dabei immer mal wieder umrühren.

**4** Nach 90 Minuten die Orangenscheiben rausnehmen und die Schokolade einrühren. Weitere 30 Minuten unter gelegentlichem Rühren garen.

**5** Die Thymianzweige entfernen und alles mit Preiselbeerkompott, Salz, Pfeffer und eventuell 1 Prise Zucker abschmecken. Die Rosmarinzweige auflegen und weitere 15 Minuten unter gelegentlichem Rühren köcheln lassen.

# REHKEULE

## MIT PORTWEIN-PFLAUMEN-SAUCE

### FÜR 6 PERSONEN

*2 Möhren*

*2 Schalotten*

*150 g Knollensellerie*

*¼ Stange Lauch*

*2 unbehandelte Bio-Orangen*

*Butterschmalz zum Braten*

*1 Rehkeule (idealerweise mit Knochen)*

*2 El Tomatenmark*

*500 ml Portwein*

*250 ml Wildfond*

*1 kleines Glas Pflaumen (Abtropfgewicht ca. 220 g)*

*1 Lorbeerblatt*

*5 Wacholderbeeren*

*2 Gewürznelken*

*1 Tl Koriandersamen*

*2 Zweige Thymian*

*3 Stängel Beifuß*

*Salz*

*Pfeffer*

### VORBEREITEN: 20 BRIKETTS DURCHGLÜHEN

**1** Möhren, Schalotten und Sellerie schälen und fein würfeln. Den Lauch putzen, waschen, trocknen und in feine Ringe schneiden. Etwas Orangenschale mit einer feinen Reibe von einer Orange reiben, anschließend beide Orangen schälen und in Scheiben schneiden.

**2** Den Dutch Oven mit mittlerer Unterhitze aufheizen (ca. 180 °C). Dafür die 20 durchgeglühten Briketts unter dem Topf platzieren. Etwas Butterschmalz im Topf zerlassen und die Rehkeule von allen Seiten anbraten. Die Keule anschließend herausnehmen und zur Seite legen.

**3** Dann das Gemüse im Dutch Oven unter Rühren ordentlich anbraten und das Tomatenmark dazugeben. Zusammen weitere 5 Minuten anrösten. Alles unter Rühren mit Portwein ablöschen und diesen einkochen lassen. Nun Wildfond und Pflaumen (ohne Flüssigkeit) dazugeben. Orangenstücke und geriebene Schale mit in den Topf geben.

**4** Die Gewürze in einen Teebeutel geben, diesen zuknoten oder mit Küchengarn verschließen und in den Dutch Oven legen. Rehkeule zurück in den Topf geben.

**5** Den Deckel auf den Topf legen und den Dutch Oven auf niedrige Ober-/Unterhitze umstellen (ca. 150 °C): 8 der Briketts auf dem Deckel platzieren, 8 Briketts unter dem Topf belassen, Rest beiseiteräumen. Die Keule 2 Stunden schmoren lassen. Kurz vor Ende der Garzeit Thymian und Beifuß waschen, trocken tupfen, von den Zweigen streifen und fein hacken.

**6** Die fertig geschmorte Keule aus dem Dutch Oven nehmen, den Beutel mit den Gewürzen entfernen und alles durchpürieren. Sollte die Sauce zu fest geworden sein, etwas Flüssigkeit der Pflaumen angießen. Die Kräuter unterrühren und mit Salz und Pfeffer abschmecken.

# KAP-05

# FISCH & MEERESFRÜCHTE

# ZITRONENRISOTTO

## MIT GARNELEN UND SPARGEL

### FÜR 4 PERSONEN

*1 Zwiebel*
*50 ml Olivenöl*
*320 g Risottoreis*
*375 ml trockener Weißwein*
*1 l Gemüsebrühe*
*150 g Parmesan*
*750 g grüner Spargel*
*16 rohe Garnelen (à ca. 25 g; ohne Kopf, in Schale)*
*1 Zitrone*
*½ Bund Dill*
*70 g Butter*
*1 Tl Salz*
*1 ½ Tl Pfeffer*

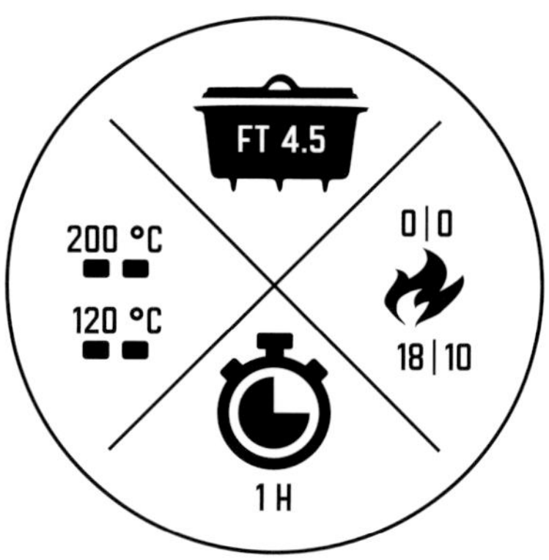


### VORBEREITEN: 18 BRIKETTS DURCHGLÜHEN

**1** Zwiebel schälen und würfeln. Den Dutch Oven mit hoher Unterhitze aufheizen (ca. 200 °C). Dafür die 18 durchgeglühten Briketts unter dem Topf platzieren. Das Öl im Topf erhitzen und die Zwiebel darin andünsten. Reis dazugeben und unter Rühren mitdünsten, bis er glasig wird. Mit Weißwein ablöschen und unter Rühren einkochen lassen. Die Unterhitze auf ca. 120 °C reduzieren, dafür nur noch 10 Briketts unter dem Topf belassen, Rest beiseiteräumen. Brühe nach und nach angießen und köcheln lassen, dabei regelmäßig rühren. Der Reis ist in 20–25 Minuten fertig (weich, aber mit einem festen Kern).

**2** In der Zwischenzeit den Parmesan reiben und beiseitestellen. Spargel waschen, das untere Drittel schälen, holzige Enden abschneiden. Spargel schräg in dünne Scheiben schneiden. Garnelen, bis auf die Schwanzflosse, schälen und den Darm entfernen, waschen und trocken tupfen.

**3** Zitrone auspressen, Dill fein hacken und beides vermengen. Parmesan und 30 g der Butter unter das fertige Risotto rühren und mit Pfeffer abschmecken. 20 g Butter in einer gusseisernen Pfanne erhitzen und die Spargelscheiben unter Wenden 4–5 Minuten anbraten. Aus der Pfanne nehmen. Restliche 20 g Butter in die heiße Pfanne geben. Garnelen zufügen und unter Wenden 3–4 Minuten braten.

**4** Spargel zurück in die Pfanne geben, alles kurz erhitzen und mit Salz und Pfeffer würzen. Risotto in tiefe Teller oder Schalen geben, Spargel und Garnelen mit der braunen Butter darauf anrichten und etwas von der Zitronen-Dill-Mischung darübergeben.

# CAIPIRINHA-NUDELN

## MIT LACHS UND GARNELEN ... PROST!

### FÜR 4 PERSONEN

*500 g Penne*
*Salz*
*2 rote Zwiebeln*
*2 Knoblauchzehen*
*2 Zucchini*
*250 g Lachsfilet*
*2 unbehandelte Limetten*
*4 Tl Rohrzucker*
*2 El Olivenöl*
*3 El Butter*
*250 g Sahne*
*250 g küchenfertige Garnelen*
*Pfeffer*
*1 Bund gehackter Dill*

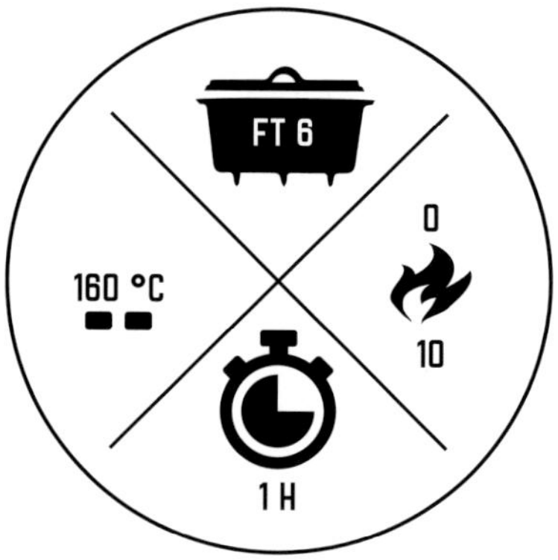


### VORBEREITEN: 10 BRIKETTS DURCHGLÜHEN

**1** Die Nudeln nach Packungsanleitung in reichlich Salzwasser nicht ganz al dente kochen. Dann abgießen und kalt abschrecken.

**2** Inzwischen Zwiebeln und Knoblauchzehen schälen und fein würfeln. Zucchini putzen, längs aufschneiden und die Kerne entfernen, dann in schmale 3-4 cm lange Streifen schneiden. Lachs trocken tupfen und in mundgerechte Stücke schneiden.

**3** Die Schale der Limetten fein abreiben. 1 Limette auspressen und den Saft mit der Schale, dem Rohrzucker und dem Olivenöl vermischen.

**4** Den Dutch Oven mit mittlerer Unterhitze aufheizen (ca. 160 °C). Dafür die 10 durchgeglühten Briketts unter dem Topf platzieren. Die Butter im Dutch Oven zerlassen und Zwiebeln und Knoblauch darin andünsten. Zucchini zugeben und ca. 5 Minuten mitdünsten. Nun das Zucker-Limettensaft-Gemisch zugeben und kurz aufkochen lassen. Sahne, Lachs und Garnelen zugeben und ca. 5 Minuten erhitzen. Die Nudeln untermischen.

**5** Den Deckel auf den Topf legen und alles 10 Minuten unter gelegentlichem Rühren garen. Zum Schluss die Sauce mit Salz und Pfeffer abschmecken und den Dill untermischen.

# GANZER FISCH

## IM SALZMANTEL

### FÜR 2 PERSONEN

*1,5 kg Salz*
*2 Eiweiß*
*2 Zweige Rosmarin*
*2 Zweige Thymian*
*2 Stängel Dill*
*2 Stängel Basilikum*
*1 Bund Rucola*
*1 unbehandelte Bio-Limette*
*100 g Butter*
*1 Tl grob geschroteter Pfeffer*
*1 Forelle oder 1 Lachsforelle (küchenfertig, ca. 1 kg)*

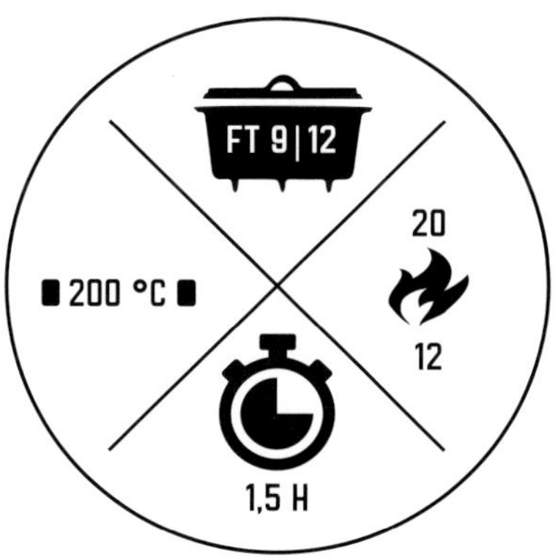


### VORBEREITEN: 32 BRIKETTS DURCHGLÜHEN

**1** Salz mit Eiweiß und etwa 50 ml Wasser zu einem Salzteig verrühren.

**2** Kräuter und Rucola waschen und trocken tupfen. Die Limette vierteln. Die Butter grob zerteilen. Kräuter, Rucola, Limettenviertel, Butter und etwas Pfeffer in den Bauch des Fisches geben. Die Bauchlappen gut übereinanderschlagen, sodass kein Salz eindringen kann.

**3** Einen Teil der Salz-Eiweiß-Mischung etwa 2 cm hoch in den Dutch Oven geben, die Forelle darauflegen und mit der restlichen Salz-Eiweiß-Mischung ummanteln.

**4** Den Dutch Oven mit hoher Ober-/Unterhitze aufheizen (ca. 200 °C). Dafür 20 durchgeglühte Briketts auf dem Deckel, 12 Briketts unter dem Topf platzieren. Dopfst du im Gasgrill, leg den Deckel vom Dutch Oven beiseite und lass den Topf offen. Den Fisch 45 Minuten garen.

**5** Mit einem Kochlöffel oder einem Hammer die Salzkruste vom Fisch abschlagen und servieren (die Haut wird nicht mitgegessen).

## TIPP

Von der Länge der Forelle ist die Größe des Topfes abhängig. Eventuell musst du deine Salzteig-Mischung anpassen.

# PAELLA

## MIT HÜHNCHEN UND MEERESFRÜCHTEN

### FÜR 4 PERSONEN

*500 g Hähnchenkeulen*

*2 Tl Meersalz*

*1 Tl Pfeffer*

*1 Gemüsezwiebel*

*2 Knoblauchzehen*

*1 rote Paprikaschote*

*1 rote Chilischote*

*2 El Olivenöl*

*300 g Rundkornreis (Paella- oder Risottoreis)*

*250 ml trockener Weißwein*

*200 g Erbsen*

*500 ml Gemüsebrühe*

*300 g küchenfertige Miesmuscheln*

*200 g küchenfertige Garnelen*

*1 Päckchen Safran*

*1 Zitrone*

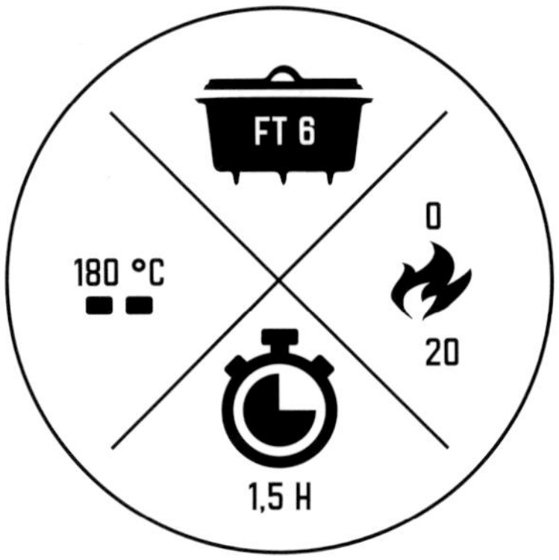


### VORBEREITEN: 20 BRIKETTS DURCHGLÜHEN

**1** Hähnchenkeulen waschen, trocken tupfen und grob zerteilen. Mit Salz und Pfeffer würzen. Zwiebel schälen und grob würfeln. Knoblauch schälen und fein würfeln. Paprika putzen und in mundgerechte Stücke schneiden. Chilischote putzen, entkernen und fein würfeln.

**2** Den Dutch Oven mit mittlerer Unterhitze aufheizen (ca. 180 °C). Dafür die 20 durchgeglühten Briketts unter dem Topf platzieren. Olivenöl im Topf erhitzen und die Keulen von beiden Seiten braun anbraten. Hähnchen aus dem Dutch Oven nehmen und Knoblauch, Zwiebeln, Paprika und Chili sowie Reis hineingeben und kurz glasig anbraten.

**3** Reis mit Weißwein ablöschen und das Hähnchen zurück in den Topf geben. Unter Rühren 10 Minuten köcheln lassen. Erbsen zugeben und weitere 5 Minuten köcheln lassen.

**4** Wenn die Flüssigkeit verkocht ist, unter Rühren die Gemüsebrühe angießen. Meeresfrüchte und Safran hinzugeben und bei geschlossenem Deckel 20 Minuten köcheln lassen. Zum Schluss die Paella nochmals durchrühren, den Topf von den Briketts heben und 10 Minuten bei geschlossenem Deckel ruhen lassen. Mit der in Spalten geschnittenen Zitrone servieren.

# KABELJAU MIT CHORIZO

## ¡VIVA ESPAÑA!

### FÜR 4 PERSONEN

*2 Zwiebeln*
*1 Knoblauchzehe*
*150 g milde Chorizo*
*1 El Tomatenmark*
*150 ml Rotwein*
*1 Dose stückige Tomaten (400 g)*
*30 ml Apfelessig*
*600 g Kabeljau*
*Salz*
*Pfeffer*
*1 Tl Zucker*
*1 ½ Tl getrockneter Oregano*

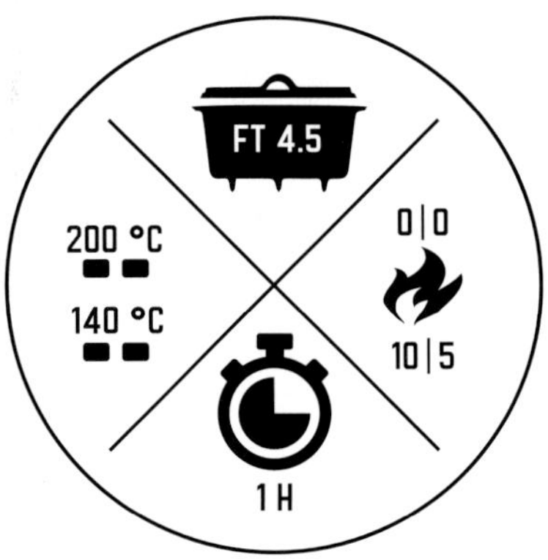


### VORBEREITEN: 10 BRIKETTS DURCHGLÜHEN

**1** Zwiebeln und Knoblauch schälen und in feine Würfel schneiden. Chorizo in 1 cm große Würfel schneiden.

**2** Den Dutch Oven mit hoher Unterhitze aufheizen (ca. 200 °C). Dafür die 10 durchgeglühten Briketts unter dem Topf platzieren. Die Chorizo in den Topf geben und unter Rühren knusprig auslassen. Zwiebeln und Knoblauch zugeben und unter Rühren in dem Chorizofett farbig andünsten. Tomatenmark zugeben und anschwitzen. Die Hälfte des Rotweins zugießen und einreduzieren lassen. Sobald es wieder leicht anfängt zu braten, den restlichen Rotwein zugießen und komplett einkochen lassen. Zum Schluss Tomaten und Essig zugeben.

**3** Den Deckel auf den Topf legen und den Dutch Oven auf niedrige Unterhitze umstellen (ca. 140 °C): 5 Briketts unter dem Topf belassen, Rest beiseiteräumen. Alles ca. 10 Minuten köcheln lassen.

**4** Inzwischen den Fisch trocken tupfen und in 4 gleich große Stücke teilen. Mit Salz und Pfeffer würzen. Den Fisch zusammen mit Zucker und Oregano in den Dutch geben und zugedeckt 15–20 Minuten im Sud garziehen lassen. Den Fisch zusammen mit dem Chorizo-Tomatensud servieren.

## TIPP

*Lecker dazu: Kartoffeln, Nudeln oder knuspriges Ciabatta!*

# FISCHCURRY

## MIT MANGO

### FÜR 4 PERSONEN

*300 g Tomaten*
*500 g rote und gelbe Paprikaschoten*
*250 g Kaiserschoten*
*2 Knoblauchzehen*
*3 cm Ingwer*
*1 rote Chilischote*
*500 g Seelachsfilet*
*1 Mango*
*2 EL Erdnussöl*
*1 Tl Tamarindenpaste*
*1 Tl gelbes Currypulver*
*1 Tl gemahlener Kreuzkümmel*
*1 Tl Kurkumapulver*
*1 Tl gemahlener Bockshornklee*
*2 Tl Massaman- oder grüne Currypaste*
*400 g Kokosmilch*
*Saft von 1 Limette*
*2 Tl Salz*
*1 Tl Pfeffer*
*1 Bund Frühlingszwiebeln*

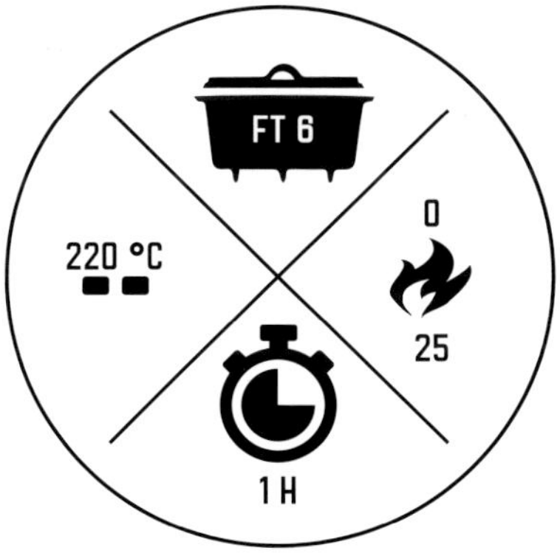


### VORBEREITEN: 25 BRIKETTS DURCHGLÜHEN

**1** Die Tomaten vierteln und die Kerne entfernen, die Tomatenviertel in Streifen schneiden. Die Paprika putzen und in grobe Stücke schneiden. Die Kaiserschoten putzen und in der Mitte teilen. Knoblauch schälen und fein hacken. Ingwer schälen und fein würfeln. Die Chilischote entkernen und in ganz feine Streifen schneiden.

**2** Den Seelachs von eventuellen Gräten befreien und in grobe Würfel schneiden. Die Mango schälen und in großzügige Würfel schneiden.

**3** Den Dutch Oven mit hoher Unterhitze aufheizen (ca. 220 °C). Dafür die 25 durchgeglühten Briketts unter dem Topf platzieren. Erdnussöl im Topf erhitzen und Knoblauch und Ingwer darin anschwitzen. Tamarindenpaste sowie die Gewürze (außer der Currypaste) dazugeben und kurz mit anschwitzen. Gemüse und Chili in den Dutch Oven geben, einmal vermengen, dann die Mango dazugeben.

**4** Nun die Currypaste einrühren. Kokosmilch dazugeben und etwas einkochen lassen. Den Fisch dazugeben, den Topf mit dem Deckel schließen und das Curry 10 Minuten garen. Mit dem Limettensaft, Salz und Pfeffer abschmecken. Die Frühlingszwiebeln putzen, in feine Ringe schneiden und darüberstreuen.

# PULPO IN TOMATENSUGO

## SCHMECKT WIE BEIM ITALIENER – GLAUBEN WIR …

### FÜR 4 PERSONEN

*500 g küchenfertige Tintenfischtuben*
*3 rote Zwiebeln*
*2 Knoblauchzehen*
*100 g schwarze Oliven ohne Stein*
*50 g getrocknete Tomaten in Öl*
*250 g Cocktailtomaten*
*3 Tl Olivenöl*
*2 El Tomatenmark*
*200 ml Gemüsebrühe*
*1 Dose stückige Tomaten (400 g)*
*5 Zweige Thymian*
*1 Lorbeerblatt*
*2 Tl Salz*
*1 Tl Pfeffer*
*2 El Kapern*

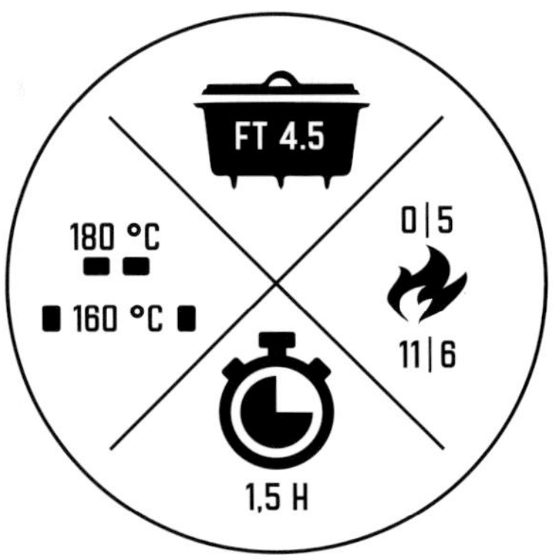


### VORBEREITEN: 11 BRIKETTS DURCHGLÜHEN

**1** Die Tintenfischtuben in ca. 2 cm dicke Ringe schneiden. Zwiebeln und Knoblauchzehen schälen und grob hacken. Oliven in Ringe schneiden. Die getrockneten Tomaten fein hacken. Cocktailtomaten halbieren.

**2** Den Dutch Oven mit mittlerer Unterhitze aufheizen (ca. 180 °C). Dafür die 11 durchgeglühten Briketts unter dem Topf platzieren. Das Olivenöl im Dutch Oven erhitzen und Zwiebeln und Knoblauch darin glasig andünsten. Das Tomatenmark zugeben und unter Rühren anschwitzen. Die Brühe angießen. Tintenfischringe, getrocknete Tomaten, Cocktailtomaten, stückige Tomaten, Thymianzweige, Lorbeerblatt und Salz und Pfeffer zugeben und alles gut verrühren.

**3** Den Deckel auf den Topf legen und den Dutch Oven auf mittlere Ober-/Unterhitze umstellen (ca. 160 °C): 5 der Briketts auf dem Deckel platzieren, 6 Briketts unter dem Topf belassen. Alles ca. 30 Minuten köcheln lassen. Dann die Kapern und die Oliven zugeben und weitere 15 Minuten köcheln lassen.

# KAP-06

# VEGGIE

# MAC 'N' CHEESE

## WELLNESS FÜR DIE SEELE

### FÜR 6 PERSONEN

*100 g Butter*
*40 g Mehl*
*400 ml Milch*
*200 g Sahne*
*½ Tl Salz*
*1 Tl Pfeffer*
*1 Tl edelsüßes Paprikapulver*
*300 g Cheddar*
*100 g Parmesan*
*300 g Makkaroni*
*50 g Pankomehl*

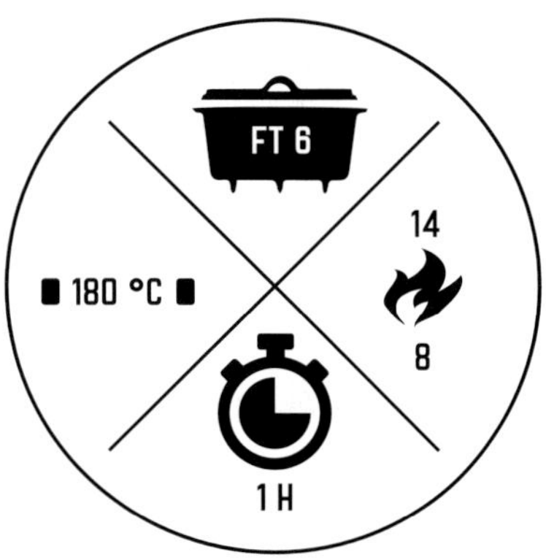


### VORBEREITEN: 22 BRIKETTS DURCHGLÜHEN

**1** 70 g Butter in einem Topf zerlassen, das Mehl hineinrühren und leicht anrösten. Milch und Sahne mischen und unter ständigem Rühren zum Mehl geben. Die Sauce etwa 10 Minuten bei kleiner Hitze köcheln lassen und mit Salz, Pfeffer und Paprikapulver abschmecken.

**2** Währenddessen Cheddar und Parmesan reiben. Die Nudeln in reichlich Salzwasser al dente garen, abgießen und sofort mit der noch heißen Sauce und dem Käse vermengen. In den Dutch Oven füllen.

**3** Die restliche Butter (30 g) in einem Topf zerlassen, das Pankomehl hineingeben und leicht anrösten. Die Mischung über die Nudeln geben und den Topf mit dem Deckel schließen. Den Dutch Oven mit mittlerer Ober-/Unterhitze aufheizen (ca. 180 °C). Dafür 8 der durchgeglühten Briketts unter dem Topf, 14 auf dem Deckel platzieren. Auflauf 30–40 Minuten backen.

# AUBERGINEN

## MIT SCHLONZ UND PARMESAN

### FÜR 4 PERSONEN

*500 g Auberginen*
*2 Knoblauchzehen*
*1 rote Zwiebel*
*½ Bund glatte Petersilie*
*250 g bunte Cocktailtomaten (rote, gelbe, orange)*
*100 g Parmesan*
*100 g Crème fraîche*
*Olivenöl zum Anbraten*
*2 El Tomatenmark*
*1 Prise Zucker*
*500 g passierte Tomaten*
*Salz*
*Pfeffer*

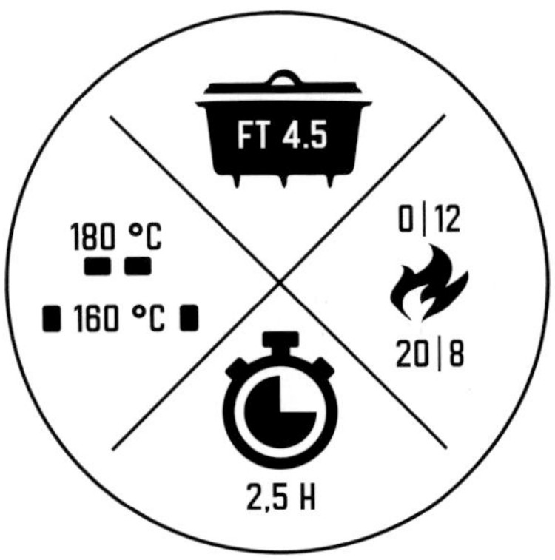


### VORBEREITEN: 20 BRIKETTS DURCHGLÜHEN

**1** Die Auberginen waschen und trocknen. In etwa 2 cm dicke Scheiben schneiden und auf ein Küchenpapier legen. Mit Salz bestreuen und 1 Stunde ruhen lassen. Anschließend das ausgetretene Wasser mit einem Küchenpapier abtupfen.

**2** Knoblauch und Zwiebel schälen und fein würfeln, Petersilie waschen, trocken tupfen und fein hacken. Cocktailtomaten halbieren. Den Parmesan reiben und mit der Crème fraîche mischen.

**3** Den Dutch Oven mit mittlerer Unterhitze aufheizen (ca. 180 °C). Dafür die 20 durchgeglühten Briketts unter dem Topf platzieren. Olivenöl im Topf erhitzen und die Auberginen von beiden Seiten goldgelb anbraten. Die Scheiben herausnehmen und beiseitelegen.

**4** Knoblauch und Zwiebeln in den Topf geben und glasig andünsten. Tomatenmark, Zucker und die passierten Tomaten unterrühren. Mit Salz und Pfeffer abschmecken und anschließend in eine große Schüssel gießen.

**5** Auf den Boden des Dutch Oven einige Scheiben der Aubergine legen und mit der Sauce beträufeln, danach wieder Auberginenscheiben auflegen, und so weiter, bis alles aufgebraucht ist. Die letzte Schicht besteht aus Tomatensauce.

**6** Die bunten Cocktailtomaten auf der letzten Schicht verteilen und das Gemisch aus Crème fraîche und Parmesan dazwischen klecksen.

**7** Den Deckel auf den Topf legen und den Dutch Oven auf mittlere Ober-/Unterhitze umstellen (ca. 160 °C): 12 der Briketts auf dem Deckel platzieren, 8 Briketts unter dem Topf belassen. Dopfst du im Gasgrill, leg den Deckel vom Dutch Oven beiseite und lass den Topf offen. Die Auberginen 45 Minuten garen.

# TOMATENREIS

## WENN MA KEINE ZEIT FÜR RISOTTO IS

### FÜR 4 PERSONEN

*500 g Naturreis*
*Salz*
*4 rote Zwiebeln*
*5 Knoblauchzehen*
*1 Stange Lauch*
*100 g getrocknete Tomaten*
*5 Fleischtomaten*
*500 g Cocktailtomaten*
*3 El Öl*
*2 El Tomatenmark*
*250 ml Gemüsebrühe*
*1 Tl Cayennepfeffer*
*1 Tl edelsüßes Paprikapulver*
*1 Tl getrockneter Thymian*
*200 g geriebener Parmesan*
*1 Bund gehackte glatte Petersilie*

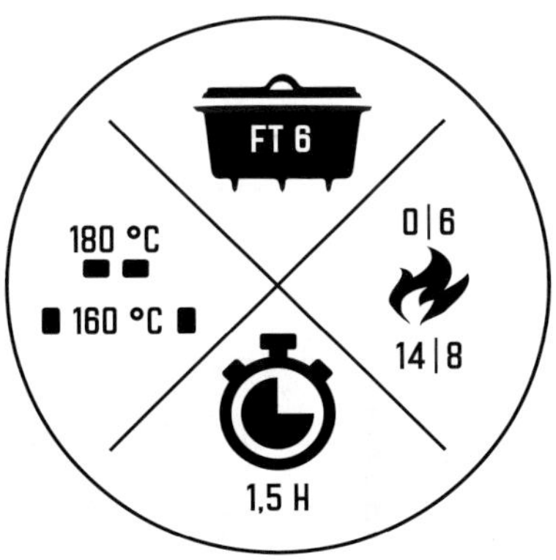


### VORBEREITEN: 14 BRIKETTS DURCHGLÜHEN

**1** Den Reis waschen und nach Packungsanweisung in reichlich Salzwasser etwa 30 Minuten garen, dann kalt abschrecken.

**2** In der Zwischenzeit Zwiebeln und Knoblauchzehen schälen und fein hacken. Den Lauch putzen und in feine Ringe schneiden. Getrocknete Tomaten fein hacken. Die Fleischtomaten halbieren, Stielansätze und Kerne entfernen und anschließend grob würfeln. Die Cocktailtomaten halbieren.

**3** Den Dutch Oven mit mittlerer Unterhitze aufheizen (ca. 180 °C). Dafür die 14 durchgeglühten Briketts unter dem Topf platzieren. Das Öl im Dutch Oven erhitzen und das Tomatenmark kurz darin anschwitzen. Zwiebeln, Knoblauch, Lauch und getrocknete Tomaten zugeben und anrösten. Die Fleischtomatenwürfel zugeben und mit der Brühe ablöschen. Zum Schluss den gekochten Reis zufügen und mit 2 Tl Salz und den Gewürzen und Kräutern abschmecken.

**4** Den Deckel auf den Topf legen und den Dutch Oven auf mittlere Ober-/Unterhitze umstellen (ca. 160 °C): 6 der Briketts auf dem Deckel platzieren, 8 Briketts unter dem Topf belassen. Den Tomatenreis unter gelegentlichem Rühren ca. 30 Minuten köcheln lassen.

**5** Vor dem Servieren den Parmesan, die Cocktailtomaten und die Petersilie unterrühren.

# SHAKSHUKA

## VERSUNKENE EIER

### FÜR 2–4 PERSONEN

*1 Gemüsezwiebel*
*2 Knoblauchzehen*
*3 Paprikaschoten*
*4 Tomaten*
*2 El Olivenöl*
*½ Tl gemahlener Kreuzkümmel*
*½ Tl edelsüßes Paprikapulver*
*½ Tl Cayennepfeffer oder Chilipulver*
*500 ml passierte Tomaten*
*½ Tl Salz*
*½ Tl Pfeffer*
*1 Prise Zucker*
*4 Eier*
*5 Stängel Petersilie oder Koriander*

### VORBEREITEN: 20 BRIKETTS DURCHGLÜHEN

**1** Zwiebel und Knoblauch schälen und fein würfeln. Paprika putzen und in feine Streifen schneiden, Tomaten vierteln.

**2** Den Dutch Oven mit mittlerer Unterhitze aufheizen (ca. 160 °C). Dafür die 20 durchgeglühten Briketts unter dem Topf platzieren. Olivenöl im Topf erhitzen, Paprika und Zwiebeln hineingeben und unter Rühren weich dünsten. Knoblauch und die Gewürze dazugeben und unter Rühren etwa 5 Minuten mitrösten.

**3** Die passierten und die frischen Tomaten dazugeben, salzen und pfeffern, 1 Prise Zucker hinzugeben und die Sauce mindestens 15 Minuten einkochen lassen (sie schmeckt besser, je dicker sie wird).

**4** Kleine Mulden in die Sauce drücken (zum Beispiel mit der Rückseite einer Schöpfkelle) und die Eier in die Mulden geben. Nun den Deckel aufsetzen und den Dutch Oven auf niedrige Ober-/Unterhitze umstellen (ca. 150 °C): 10 der Briketts auf dem Deckel platzieren, 6 Briketts unter dem Topf belassen, Rest beiseiteräumen. Dopfst du im Gasgrill, lasse den Dutch Oven offen, der Deckel wird nicht auf den Topf gelegt.

**5** Die Eier 10 Minuten stocken lassen. In der Zwischenzeit die Petersilie bzw. den Koriander waschen, trocken tupfen und grob hacken und über das fertige Shakshuka streuen.

# ORIENT-LINSENEINTOPF

## VEGGIE MIT GEWÜRZFEUERWERK

### FÜR 4 PERSONEN

*400 g braune Linsen*
*je 2 rote und gelbe Paprikaschoten*
*4 Zucchini*
*2 Zwiebeln*
*6 Knoblauchzehen*
*2 rote Chilischoten*
*2 Dosen stückige Tomaten (je 425 ml)*
*1 ½ Tl Kreuzkümmel*
*1 ½ Tl Ras el-Hanout*
*3 Tl Salz*
*1 ½ Tl Pfeffer*
*500 g Joghurt*
*½ Tl getrocknete Minze*
*1 Tl Harissa-Paste*
*1 Bund gehackte Petersilie*

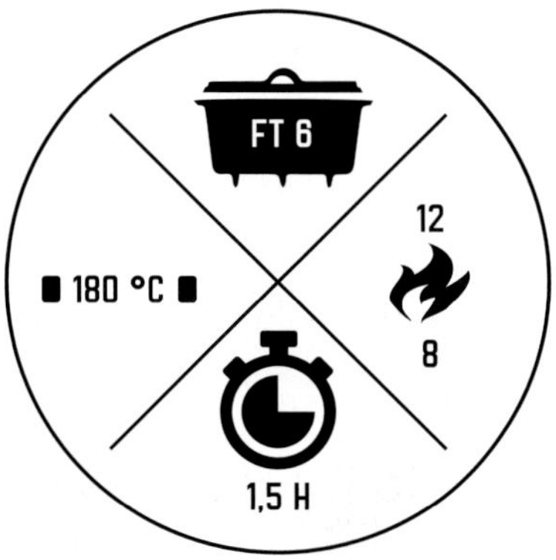


### VORBEREITEN: 20 BRIKETTS DURCHGLÜHEN

**1** Die Linsen in 800 ml Wasser ca. 20 Minuten vorgaren, dann in ein Sieb abgießen und abtropfen lassen. In der Zwischenzeit Paprikaschoten putzen, vierteln und in grobe Stücke schneiden. Zucchinis putzen und in Scheiben schneiden. Zwiebeln und Knoblauchzehen schälen und hacken. Chilis putzen und in Ringe schneiden.

**2** Die Linsen in eine große Schüssel geben. Paprika, Zucchini, Zwiebeln, Knoblauch, Chilis und stückige Tomaten zugeben. Kreuzkümmel, Ras el-Hanout, Salz und Pfeffer zugeben, alles gut vermischen, dann in den kalten Dutch Oven geben.

**3** Den Dutch Oven auf mittlere Ober-/Unterhitze einstellen (ca. 180 °C): 8 der durchgeglühten Briketts unter dem Topf, 12 Briketts auf dem Topf platzieren. Den Eintopf 40–50 Minuten schmoren lassen.

**4** In der Zwischenzeit den Joghurt mit Minze und Harissa verrühren. Den Linseneintopf mit Petersilie bestreut und mit je einem Klecks Minz-Joghurt servieren.

## TIPP

*Der Joghurt gibt 'nen frischen Touch und macht's weniger hot!*

# VEGGIE-LASAGNE

## FLEISCHLOS GLÜCKLICH

### FÜR 4-6 PERSONEN

*2 große Möhren*
*2 rote Zwiebeln*
*2 Knoblauchzehen*
*10 Champignons*
*3 Stängel Basilikum*
*3 Zweige Thymian*
*600 g Blattspinat*
*250 g Gouda (mittelalt)*
*3 El Butter*
*2 El Mehl*
*500 ml passierte Tomaten*
*150 g Sahne*
*Salz*
*Pfeffer*
*Cayennepfeffer*
*50 ml Milch*
*200 g Kräuterfrischkäse*
*Muskatnuss*
*1 Paket Lasagneplatten*

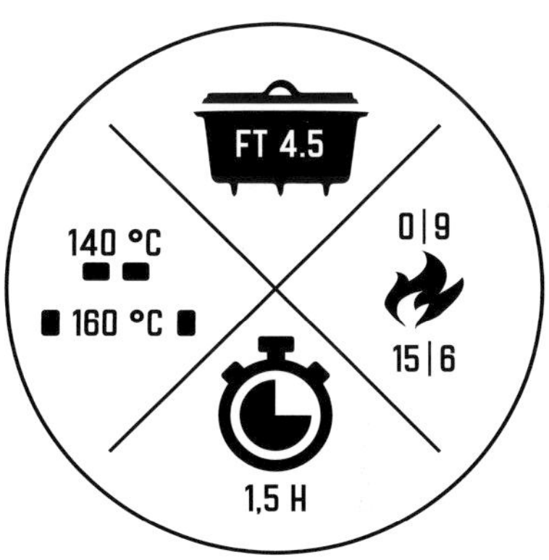


### VORBEREITEN: 15 BRIKETTS DURCHGLÜHEN

**1** Möhren, Zwiebeln und Knoblauch schälen und fein würfeln. Champignons putzen und in Scheiben schneiden. Basilikum und Thymian waschen, trocken tupfen und fein hacken. Den Spinat waschen und putzen. Den Käse grob reiben.

**2** Den Topf und den Deckel als Pfanne auf niedrige Unterhitze aufheizen (ca. 140 °C). Dafür 9 der durchgeglühten Briketts unter dem Topf und 6 Briketts unter der Deckel-Pfanne platzieren.

**3** Die Butter im Topf zerlassen, Zwiebel und Knoblauch darin anschwitzen. Möhren und Champignons dazugeben und 5 Minuten mitdünsten. Dann das Mehl unterrühren und die passierten Tomaten angießen. Die Sahne dazugeben und mit Salz, Pfeffer und Cayennepfeffer abschmecken. Die Sauce in eine Schüssel umfüllen.

**4** Die Milch zusammen mit dem Spinat in die Deckel-Pfanne geben und aufkochen. Frischkäse, Basilikum und Thymian dazugeben, nochmals aufkochen und glattrühren. Mit Salz, Pfeffer und Muskat abschmecken.

**5** Die Lasagne einschichten: Etwas Tomatensauce, eine Schicht Lasagneplatten, Spinatmischung, wieder etwas Sauce, eine Schicht Lasagneplatten … und so weiter, bis keine Zutaten mehr übrig sind. Mit einer Saucenschicht abschließen und darüber den Käse verteilen.

**6** Den Deckel auswischen und auf den Topf legen. Den Dutch Oven auf mittlere Ober-/Unterhitze umstellen (ca. 160 °C): 9 der Briketts auf dem Deckel platzieren, 6 Briketts unter dem Topf belassen und die Lasagne 45 Minuten backen. Dopfst du im Gasgrill, kannst du den Deckel nach 30 Minuten vom Dutch Oven nehmen und ohne Dutch-Deckel zu Ende garen.

# BLUMENKOHL-SÜPPCHEN

## VOLL AUF DIE ZWÖLF OHNE FLEISCH

### FÜR 4 PERSONEN

*1 Blumenkohl (ca. 1 kg)*
*1 weiße Zwiebel*
*3 mehligkochende Kartoffeln*
*3 El Butter*
*100 ml Weißwein*
*1,2 l Gemüsebrühe*
*300 g Sahne*
*100 g geriebener Parmesan*
*1 Tl Salz*
*1 Tl Pfeffer*
*1 Tl gemahlene Muskatnuss*

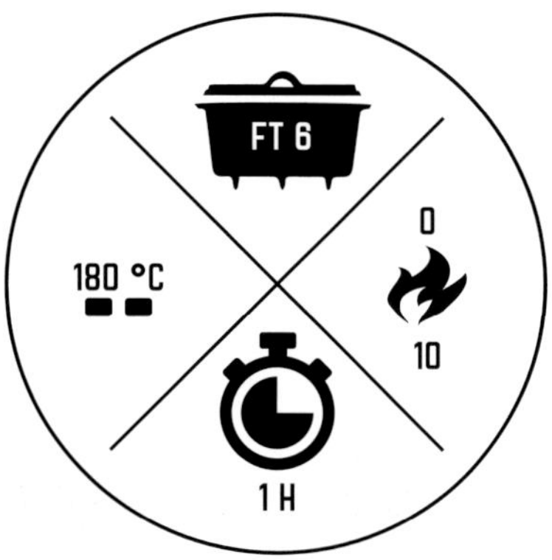


### VORBEREITEN: 10 BRIKETTS DURCHGLÜHEN

**1** Den Blumenkohl putzen, Strunk und Röschen in kleine Stücke schneiden. Die Zwiebel schälen und würfeln. Kartoffeln schälen und in kleine Stücke schneiden.

**2** Den Dutch Oven mit mittlerer Unterhitze aufheizen (ca. 180 °C). Dafür die 10 durchgeglühten Briketts unter dem Topf platzieren. Die Butter in den Topf geben und schmelzen lassen. Zwiebel und Blumenkohl darin anbraten. Den Wein zugießen und kurz einkochen lassen. Kartoffeln und Brühe zugeben und alles 25 Minuten zugedeckt köcheln lassen.

**3** Nun die Sahne zugießen und alles mit einem Pürierstab fein pürieren. Parmesan, Salz, Pfeffer und Muskat zugeben, einmal aufkochen lassen, dann servieren.

TIPP
Wenn's nicht unbedingt veggie sein soll, schmeckt knusprig gebratener Bacon superlecker dazu.

# ASIA-LIMETTENREIS

## SAUER MACHT LUSTIG

### FÜR 4 PERSONEN

*1 kleine Ananas*
*3 Knoblauchzehen*
*1 Stück Ingwer (5 cm)*
*2 Frühlingszwiebeln*
*250 g Zuckerschoten*
*1 rote Zwiebel*
*3 unbehandelte Bio-Limetten*
*4 El brauner Zucker*
*500 g Basmatireis*
*800 ml Gemüsebrühe*
*3 El Sojasauce*
*1 El Sesamöl*
*Salz*
*Pfeffer*
*Zucker*

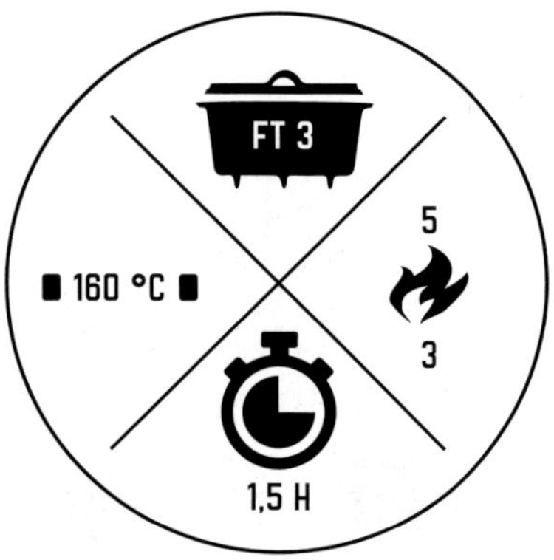


### VORBEREITEN: 8 BRIKETTS DURCHGLÜHEN

**1** Kopf und Boden der Ananas abschneiden und die restliche Schale in Streifen herunterschneiden. Ananas in Würfel schneiden. Knoblauch und Ingwer schälen und fein würfeln. Frühlingszwiebeln und Zuckerschoten putzen. Frühlingszwiebeln in feine Ringe schneiden, Zuckerschoten halbieren. Zwiebel schälen und würfeln. Alles beiseitestellen.

**2** Die Limetten in Scheiben schneiden und den Boden des Dutch Oven damit auslegen. Den braunen Zucker darüberstreuen. Auf die Limetten Reis, Brühe, Sojasauce und Sesamöl geben.

**3** Den Dutch Oven mit mittlerer Ober-/Unterhitze aufheizen (ca. 160 °C). Dafür 5 durchgeglühte Briketts auf dem Deckel, 3 Briketts unter dem Topf platzieren.

**4** Sobald der Reis zu kochen beginnt, den Deckel abnehmen und die restlichen beiseitegestellten Zutaten oben auf den Reis legen, NICHT unterrühren.

**5** Nach 20–25 Minuten ist der Reis fertig. Am besten machst du zwischendrin die Probe: Nimm den Deckel ab, mach mit dem Stiel eines Holzkochlöffels ein Loch bis auf den Boden des Topfes und sieh nach, ob die Flüssigkeit komplett aufgenommen wurde, wenn nicht, einfach noch ein wenig weiter garen, wenn ja, probiere den Reis und gib ggf. noch etwas Flüssigkeit dazu.

**6** Den fertigen Reis mit Salz, Pfeffer und einer Prise Zucker abschmecken.

## TIPP

*Für eine feurige Variante noch etwas Sriracha-Sauce und eine fein gehackte Chilischote dazugeben.*

# PULL APART BREAD

## MIT KRÄUTERBUTTER

### FÜR 4-6 PERSONEN

**Für den Teig**

*600 g Weizenmehl (Type 550)*

*300 ml lauwarmes Wasser*

*50 ml Olivenöl*

*1 Würfel Hefe*

*2 Tl Salz*

*½ Tl Zucker*

**Für die Kräuterbutter**

*1 Knoblauchzehe*

*1 Bund Schnittlauch*

*½ Bund Petersilie*

*½ Bund Thymian*

*2 Tl Meersalz*

*250 g weiche Butter*

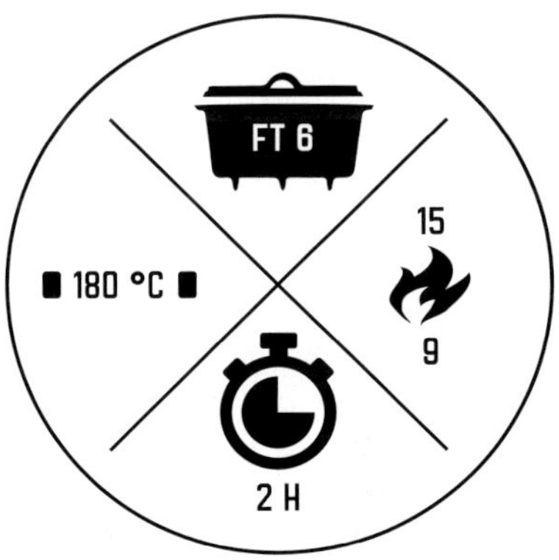


### VORBEREITEN: 24 BRIKETTS DURCHGLÜHEN

**1** Die Zutaten für den Teig in eine Küchenmaschine geben und zu einem glatten Teig verarbeiten. Den Teig 1 Stunde abgedeckt gehen lassen, bis er das Volumen etwa verdoppelt hat.

**2** In der Zwischenzeit die Kräuterbutter herstellen. Dafür den Knoblauch schälen und fein würfeln, Schnittlauch fein hacken. Petersilie mit den Stängeln hacken, die Thymianblättchen von den Stängeln streifen und die Blättchen ebenfalls fein hacken. Kräuter mit Knoblauch, Meersalz und Butter verrühren.

**3** Den Teig auf einer bemehlten Arbeitsfläche etwa 1 cm dick ausrollen. Die Kräuterbutter gleichmäßig darauf verstreichen. Den Teig mit der Kräuterbutter in 5 cm breite Streifen schneiden und diese Streifen ziehharmonikaähnlich zusammenlegen.

**4** Den Dutch Oven mit Backpapier auslegen. Die gefalteten Teigstreifen in den Topf geben und dort nochmals 15 Minuten gehen lassen.

**5** Den Dutch Oven mit mittlerer Ober-/Unterhitze aufheizen (ca. 180 °C). Dafür 9 der durchgeglühten Briketts unter dem Topf, 15 auf dem Deckel platzieren. Das Brot in etwa 30 Minuten goldbraun und knusprig backen.

KAP-07

# SEBASTIANS

# TOP 10

# OCHSENBÄCKCHEN

## IN HONIGKUCHENSAUCE

### FÜR 4 PERSONEN

*800 g parierte Ochsenbäckchen*
*2 Tl Salz*
*1 Stange Lauch*
*1 Zwiebel*
*2 Knoblauchzehen*
*2 Möhren*
*100 g Knollensellerie*
*1 Petersilienwurzel*
*2 El Butterschmalz*
*3 El Tomatenmark*
*600 ml Rotwein*
*600 ml Rinderfond*
*1 Zweig Rosmarin*
*1 Zweig Thymian*
*2 Lorbeerblätter*
*1 Tl Pfeffer*
*50 g Honigkuchen*

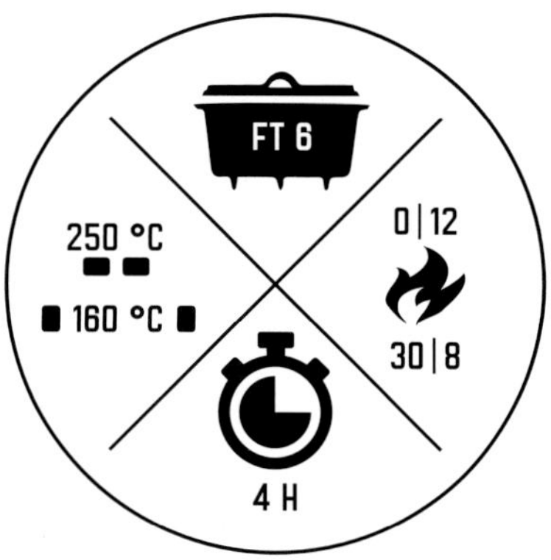


### VORBEREITEN: 30 BRIKETTS DURCHGLÜHEN

**1** Ochsenbäckchen mit 1 Tl Salz würzen und kurz einwirken lassen. Den Dutch Oven mit hoher Unterhitze aufheizen (ca. 250 °C). Dafür die 30 durchgeglühten Briketts unter dem Topf platzieren.

**2** Lauch putzen und in feine Ringe schneiden. Zwiebel und Knoblauch schälen und fein würfeln. Das restliche Gemüse putzen und in feine Würfel schneiden. Butterschmalz im Dutch Oven erhitzen und die Ochsenbäckchen darin von allen Seiten scharf anbraten. Aus dem Topf nehmen und das Gemüse darin dunkel anrösten. Tomatenmark dazugeben und leicht mitrösten. Mit 200 ml Rotwein ablöschen und komplett einkochen lassen.

**3** Ochsenbäckchen wieder in den Dutch Oven geben. Fond und den restlichen Rotwein angießen, Kräuterzweige, Lorbeerblätter, noch etwas Salz und Pfeffer hinzugeben und den Topf mit dem Deckel schließen. Dutch Oven auf mittlere Ober-/Unterhitze umstellen (ca. 160 °C): 12 der Briketts auf dem Deckel platzieren, 8 Briketts unter dem Topf belassen, Rest beiseiteräumen. Die Bäckchen 3 Stunden schmoren.

**4** Die Ochsenbäckchen herausnehmen und die Sauce pürieren. Den Honigkuchen hineinbröseln und die Sauce einmal aufkochen lassen. Ochsenbäckchen aufschneiden und zurück in die Sauce geben.

# CINCINATTI-CHILI

## STILECHT MIT SPAGHETTI

### FÜR 4 PERSONEN

*2 rote Zwiebeln*
*2 Knoblauchzehen*
*2 Chilischoten*
*500 g geräuchertes Brisket (Rinderbrust)*
*2 El Öl*
*500 g gemischtes Hackfleisch*
*2 El Tomatenmark*
*1 Tl Chilipulver*
*1 Tl Pimentpulver*
*1 Tl Cayennepfeffer*
*1 Tl Zimt*
*1 Tl Kreuzkümmel*
*Salz*
*500 g passierte Tomaten aus der Dose*
*1 El Worcestersauce*
*1 El Essig*
*500 g Spaghetti*
*geriebener Cheddar nach Belieben*

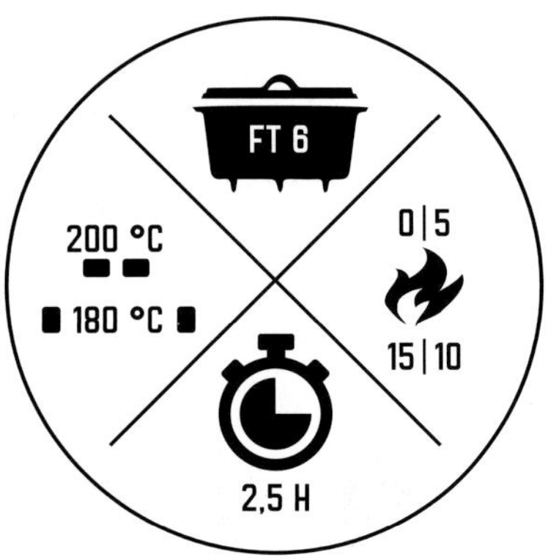


### VORBEREITEN: 15 BRIKETTS DURCHGLÜHEN

**1** Zwiebeln und Knoblauchzehen schälen und hacken. Chilis putzen und fein hacken. Das Fleisch trocken tupfen und in mundgerechte Würfel schneiden.

**2** Den Dutch Oven mit hoher Unterhitze aufheizen (ca. 200 °C). Dafür die 15 durchgeglühten Briketts unter dem Topf platzieren. Das Öl im Dutch Oven erhitzen und das Hackfleisch darin anbraten. Zwiebeln, Knoblauch, Chilis und Tomatenmark zugeben und unter Rühren anschwitzen. Gewürze, 2 Tl Salz, passierte Tomaten, Worcestersauce, Essig, 200 ml Wasser und das Fleisch zugeben, alles gut verrühren und kurz aufkochen lassen.

**3** Den Deckel auf den Topf legen und den Dutch Oven auf mittlere Ober-/Unterhitze umstellen (ca. 180 °C): 5 der Briketts auf dem Deckel platzieren, 10 Briketts unter dem Topf belassen. Das Chili 90 Minuten köcheln lassen.

**4** In der Zwischenzeit die Spaghetti nach Packungsanweisung in reichlich Salzwasser bissfest kochen, dann in ein Sieb abgießen und abtropfen lassen.

**5** Das Chili mit den Nudeln servieren und mit Cheddar bestreuen.

**SEBASTIAN**

**„EIN DICKES DANKESCHÖN AN JANA UND CHRISTIAN!"**

## TIPP

*In seiner Heimat Ohio werden zum Schluss noch „Oyster Cracker“ drübergestreut!*

**TIPP**

*Traditionell müssen die Beffs 1 Tag in der Sauce ruhen, aber auch frisch schmecken sie super. Dazu ein Pils und Brötchen zum Sauceauftunken.*

# OLPER BEFF

## DAS TRADITIONSGERICHT VOM SCHÜTZENFEST

### FÜR 8 PERSONEN

*1,3 kg Kartoffeln*

*1,2 kg Zwiebeln*

*2,5 kg gemischtes Hackfleisch*

*4 Eier*

*3 El Semmelbrösel*

*3 Tl Salz*

*2 Tl Pfeffer*

*2 Tl Senf*

*2 El Rapsöl*

*2 Dosen Ochsenschwanzsuppe (Konzentrat à 384 ml)*

*2 Pakete Bratensauce (FP)*

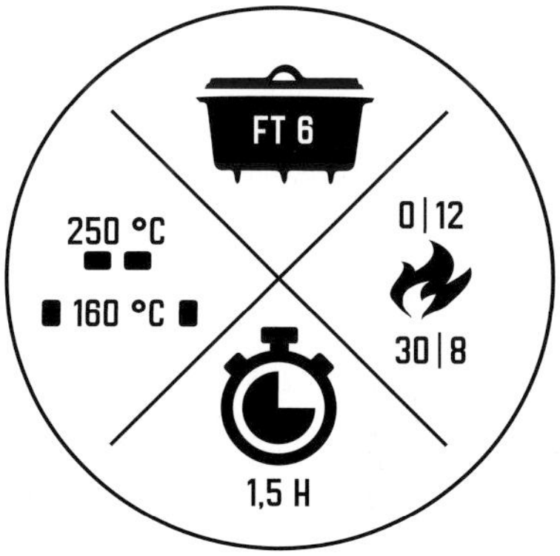


### VORBEREITEN: 30 BRIKETTS DURCHGLÜHEN

**1** Ein Sieb über eine Schüssel hängen und mit einem Baumwolltuch auslegen. Kartoffeln und Zwiebeln schälen, grob reiben, in das Baumwolltuch geben und gut abtropfen lassen. Schließlich kräftig auspressen.

**2** Die Kartoffel-Zwiebel-Masse mit Hackfleisch, Eiern, Semmelbröseln, Salz, Pfeffer und Senf gut vermengen und kräftig durchkneten. Aus der Masse ca. 200 g schwere Beffs formen – sie sehen aus wie dicke Frikadellen.

**3** Den Dutch Oven mit hoher Unterhitze aufheizen (ca. 250 °C). Dafür die 30 durchgeglühten Briketts unter dem Topf platzieren. Öl im Topf erhitzen und die Beffs nach und nach von beiden Seiten anbraten, zum Schluss auf einem Teller beiseitestellen.

**4** Ochsenschwanzsuppe und 800 ml Wasser in den Dutch Oven geben und leicht erwärmen, die 2 Päckchen Bratensauce einrühren und aufkochen lassen. Die Beffs zurück in den Topf geben und gut mit der Sauce bedecken. Den Deckel auflegen.

**5** Den Dutch Oven auf mittlere Ober-/Unterhitze umstellen (ca. 160 °C): 12 der Briketts auf dem Deckel platzieren, 8 Briketts unter dem Topf belassen, Rest beiseiteräumen. Die Beffs ca. 45 Minuten garen.

**SEBASTIAN**

**„DAS EINZIG GUTE AM SCHÜTZENFEST!“**

# ECHTE BOLO

## RAGÙ ALLA BOLOGNESE

### FÜR 4 PERSONEN

*300 g Rindfleisch (Bug)*

*150 g Pancetta (alternativ leicht geräucherter Bauchspeck)*

*1 kleine Zwiebel*

*2 Möhren*

*100 g Stangensellerie*

*2 El Pflanzenöl*

*2 El Tomatenmark*

*100 ml trockener Weißwein*

*400 g stückige Tomaten aus der Dose*

*150 ml Rinderbrühe*

*100 ml Vollmilch*

*1 ½ Tl Salz*

*1 Tl Pfeffer*

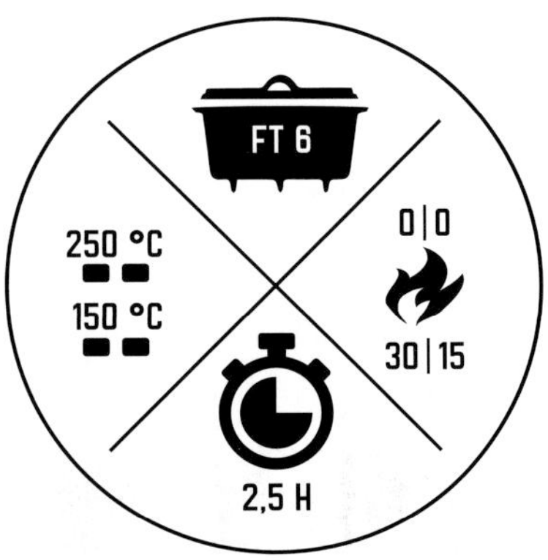


### VORBEREITEN: 30 BRIKETTS DURCHGLÜHEN

**1** Rindfleisch in sehr feine Stücke hacken. Pancetta in Streifen schneiden. Zwiebel schälen und fein hacken. Gemüse putzen und in feine Würfel schneiden.

**2** Den Dutch Oven mit hoher Unterhitze aufheizen (ca. 250 °C). Dafür die 30 durchgeglühten Briketts unter dem Topf platzieren. Öl im Topf erhitzen, Pancetta, Zwiebel und Gemüse darin glasig anschwitzen. Tomatenmark hinzugeben und kurz mitrösten.

**3** Rindfleisch dazugeben und kräftig anbraten, bis es leicht gebräunt ist. Mit Weißwein ablöschen und diesen komplett einkochen lassen. Stückige Tomaten sowie die Brühe hinzugeben und den Deckel auflegen.

**4** Die Unterhitze auf ca. 150 °C reduzieren, dafür 15 Briketts unter dem Topf belassen, Rest beiseiteräumen. Ragù etwa 2 Stunden schmoren, zwischendurch umrühren. Zum Schluss die Milch dazugeben und alles mit Salz und Pfeffer abschmecken.

**SEBASTIAN**

**„GUTER GESCHMACK KOMMT HALT NICHT AUS'M TÜTCHEN!"**

# PICANHA

## MIT MALZBIER-SAUCE

### FÜR 4 PERSONEN

*1 Picanha, alternativ Tafelspitz (1–1,5 kg)*
*2 Tl Senf*
*Salz*
*Pfeffer*
*2 rote Zwiebeln*
*2 Knoblauchzehen*
*3 Möhren*
*½ Knollensellerie*
*½ Stange Lauch*
*2 El Butterschmalz*
*3 El Tomatenmark*
*1 Flasche Malzbier*
*250 ml Rinderbrühe*
*1 Tl dunkler Balsamico*
*1 Tl Sojasauce*
*2 Tl getrockneter Thymian*
*2 Tl getrockneter Majoran*
*2 Tl edelsüßes Paprikapulver*
*2 Lorbeerblätter*
*150 g Sahne*

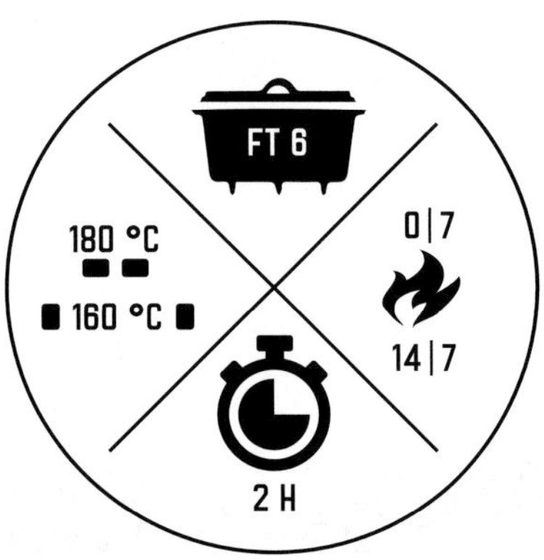


### VORBEREITEN: 14 BRIKETTS DURCHGLÜHEN

**1** Das Fleisch trocken tupfen und den Fettdeckel rautenförmig einschneiden. Das Fleisch (den Fettdeckel nicht) mit Senf einreiben und mit Salz und Pfeffer würzen. Zwiebeln und Knoblauchzehen schälen und hacken. Möhren und Sellerie putzen, schälen und würfeln. Lauch putzen und in feine Ringe schneiden.

**2** Den Dutch Oven mit mittlerer Unterhitze aufheizen (ca. 180 °C). Dafür die 14 durchgeglühten Briketts unter dem Topf platzieren. Das Butterschmalz in den Dutch Oven geben und das Fleisch darin von allen Seiten ordentlich anbraten. Dann herausnehmen.

**3** Zwiebeln, Knoblauch und das Gemüse in den Dutch Oven geben und zusammen mit dem Tomatenmark anrösten. Mit Malzbier und Brühe ablöschen. Dann Balsamico, Sojasauce, Thymian, Majoran, Paprikapulver und Lorbeerblätter zugeben. Mit ca. 3 Tl Salz und 1 Tl Pfeffer abschmecken. Das Fleisch mit der Fettseite nach oben hineinlegen und mit einem Bratenthermometer versehen.

**4** Den Deckel auf den Topf legen und den Dutch Oven auf mittlere Ober-/Unterhitze umstellen (ca. 160 °C): 7 der Briketts auf dem Deckel platzieren, 7 Briketts unter dem Topf belassen. So lange garen, bis das Fleisch eine Kerntemperatur von 57 °C hat.

**5** Das fertige Fleisch aus dem Dutch Oven nehmen. Die Lorbeerblätter entfernen. Die Sahne zugeben und die Sauce mit einem Stabmixer durchpürieren. Das Fleisch mit der Sauce servieren.

**SEBASTIAN**

**„MIT MEINEM LIEBSTEN STÜCK VOM RIND – LECKER!“**

## TIPP

*Lecker dazu: Kartoffeln, Nudeln oder Knödel!*

# KÄSE-LAUCH-SUPPE

## DER EVERGREEN UNTER DEN SUPPEN

### FÜR 4-6 PERSONEN

*2 Zwiebeln*
*1 Knoblauchzehe*
*1 Stange Lauch*
*2 El Pflanzenöl*
*1 kg Rinderhackfleisch*
*1 l Gemüsebrühe*
*250 g Sahne*
*400 g Schmelzkäse*
*Salz*
*Pfeffer*
*Muskatnuss*
*100 g Crème fraîche*
*1 Handvoll glatte Petersilie*

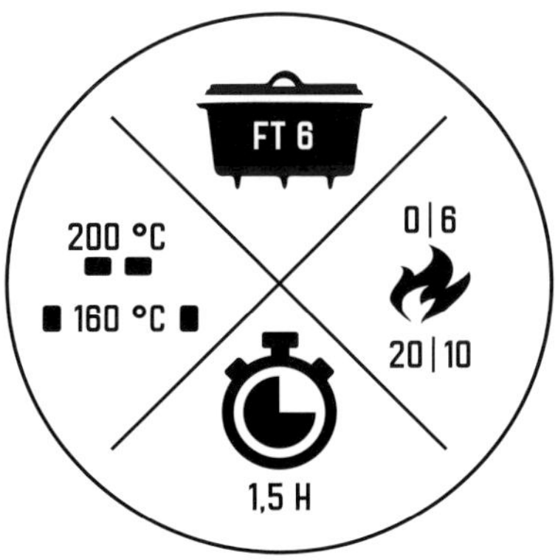


### VORBEREITEN: 20 BRIKETTS DURCHGLÜHEN

**1** Zwiebeln und Knoblauch schälen und fein würfeln. Lauch putzen, waschen, trocknen und in feine Ringe schneiden.

**2** Den Dutch Oven mit hoher Unterhitze aufheizen (ca. 200 °C). Dafür die 20 durchgeglühten Briketts unter dem Topf platzieren. Öl im Topf erhitzen und das Hackfleisch darin krümelig anbraten. Zwiebeln, Knoblauch und Lauch hinzufügen, weitere 5 Minuten braten und schließlich mit Gemüsebrühe und Sahne ablöschen.

**3** Den Deckel auf den Topf legen und den Dutch Oven auf mittlere Ober-/Unterhitze umstellen (ca. 160 °C): dafür 6 Briketts auf dem Deckel platzieren, 10 Briketts unter dem Topf belassen, Rest beiseiteräumen. Die Suppe 45 Minuten köcheln lassen.

**4** Den Schmelzkäse zugeben und die Suppe nochmals erhitzen. Dann mit Salz, Pfeffer und Muskatnuss abschmecken. Zum Servieren etwas Crème fraîche in die Suppe geben und mit gehackter Petersilie bestreuen.

**SEBASTIAN**

**„MMHHH, SCHMECKT WIE FRÜHER!“**

# POTTHUCKE

## NUR ECHT AUS DEM SAUERLAND

### FÜR 4 PERSONEN

*1,2 kg festkochende Kartoffeln*
*1 Gemüsezwiebel*
*200 g saure Sahne*
*5 Eier*
*2 El Kartoffelmehl*
*2 Tl Salz*
*1 Tl Pfeffer*
*1 Tl geriebene Muskatnuss*
*100 g Butter*
*2 Mettwürstchen*

**Außerdem**
*Butter zum Einfetten*

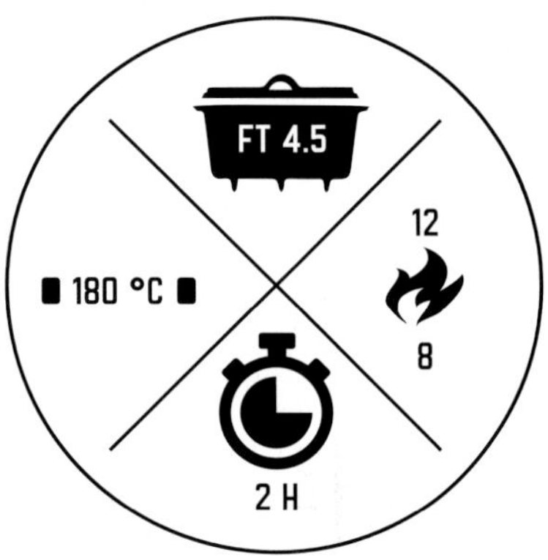


### VORBEREITEN: 20 BRIKETTS DURCHGLÜHEN

**1** 300 g Kartoffeln kochen, etwas abkühlen lassen, pellen und in einer Schüssel stampfen. Die restlichen 900 g schälen und grob reiben. Die geriebenen Kartoffeln etwas ausdrücken. Die Zwiebel schälen und fein würfeln.

**2** Kartoffelstampf mit der sauren Sahne, Eiern und Kartoffelmehl zu einer geschmeidigen Masse verrühren. Die rohen, geriebenen Kartoffeln und die Zwiebelwürfel unterrühren. Mit Salz, Pfeffer und Muskat abschmecken. Butter zerlassen und noch warm unter die Masse rühren. Die Masse beiseitestellen.

**3** Den Dutch Oven großzügig einfetten. Den Feuertopf etwa bis zur Hälfte mit dem Kartoffelteig füllen und die Mettwürstchen in die Füllung drücken. Den restlichen Kartoffelteig darübergießen, die Form sollte etwa zu drei Vierteln gefüllt sein, und den Topf mit dem Deckel schließen.

**4** Den Dutch Oven mit mittlerer Ober-/Unterhitze aufheizen (ca. 180 °C). Dafür 8 der durchgeglühten Briketts unter dem Topf, 12 auf dem Deckel platzieren. Die Potthucke 1 Stunde backen. Den Feuertopf anschließend 10–15 Minuten abkühlen lassen, erst dann die Potthucke stürzen, sonst kann sie zerbrechen.

TIPP
Das Video zum Rezept

# SCHWEINEBAUCH

## ASIA-STYLE

### FÜR 4 PERSONEN

*500 g Schweinebauch*
*1 Bund Frühlingszwiebeln*
*2 Chilischoten*
*2 Knoblauchzehen*
*1 daumengroßes Stück Ingwer*
*20 ml Öl*
*50 g Zucker*
*1 Zimtstange*
*3 Tl Salz*
*2 Tl Pfeffer*
*2 Sternanis*
*3 El Sojasauce*
*3 El Reiswein*
*5 Lorbeerblätter*
*4 El Speisestärke*

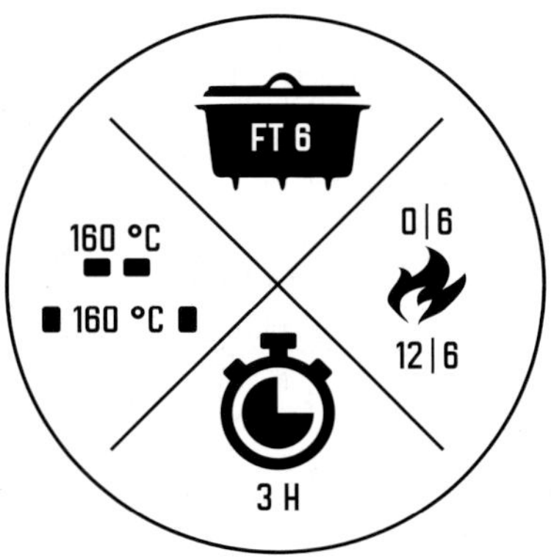


### VORBEREITEN: 12 BRIKETTS DURCHGLÜHEN

**1** Den Schweinebauch trocken tupfen und in mundgerechte Würfel schneiden. In reichlich kochendem Wasser 5–10 Minuten vorkochen.

**2** Die Frühlingszwiebeln putzen und in grobe Stücke schneiden. Chilis putzen, entkernen und fein hacken. Knoblauchzehen schälen und fein hacken. Ingwer schälen und in dünne Scheiben schneiden.

**3** Den Dutch Oven mit mittlerer Unterhitze aufheizen (ca. 160 °C). Dafür die 12 durchgeglühten Briketts unter dem Topf platzieren. 10 ml Öl und den Zucker in den Dutch Oven geben und 5–10 Minuten unter Rühren köcheln lassen, bis der Zucker beginnt zu karamellisieren. Nun langsam ca. 100 ml Wasser zugießen, dabei kräftig rühren. Das Karamell-Wasser-Gemisch aus dem Dutch Oven schöpfen.

**4** Nun das restliche Öl in den Dutch Oven geben und das Fleisch kräftig darin anbraten. Frühlingszwiebeln, Chilis, Knoblauch, Ingwer und die Gewürze zugeben und kurz mitbraten. Mit dem Karamell-Wasser, der Sojasauce und dem Reiswein ablöschen. Lorbeerblätter zugeben.

**5** Den Deckel auf den Topf legen und den Dutch Oven auf mittlere Ober-/Unterhitze umstellen (ca. 160 °C): 6 der Briketts auf dem Deckel platzieren, 6 Briketts unter dem Topf belassen. Alles 1½–2 Stunden garen.

**6** Nach der Garzeit die Stärke zum gleichen Teil mit Wasser vermengen und unterrühren, um die Sauce zu binden. Das Fleisch mit der Sauce servieren.

**SEBASTIAN**

**„FÜR ALLE, DIE „BURNT ENDS" AUCH NICHT MEHR SEHEN KÖNNEN."**

## TIPP

*Und was dazu?*
*Reis, ganz klar! Glasnudeln sind aber auch super.*

## TIPP

*Statt Schwarzbier kann auch Malzbier bzw. Malztrunk genommen werden!*

# BIERFLEISCH

## BUTTERWEICH

### FÜR 4 PERSONEN

*1 Zwiebel*
*1 Knoblauchzehe*
*¼ Stange Lauch*
*300 g Knollensellerie*
*2 Möhren*
*1 kg Rinderkeule (oder Gulasch)*
*2 El Mehl*
*1–2 El BBQ-Rub*
*Butterschmalz zum Braten*
*4 Markknochen*
*1 El Tomatenmark*
*100 ml Rinderfond*
*500 ml Schwarzbier*
*1 Tl Salz*
*1 Tl Pfeffer*
*1 Tl getrockneter Thymian*

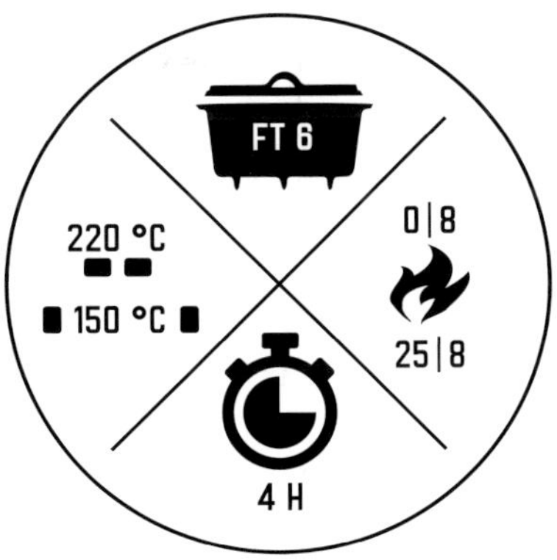


### VORBEREITEN: 25 BRIKETTS DURCHGLÜHEN

**1** Zwiebel und Knoblauch schälen und fein würfeln. Lauch putzen, waschen, trocknen und in feine Ringe schneiden. Sellerie und Möhren schälen bzw. putzen und fein würfeln.

**2** Rindfleisch in mundgerechte Stücke schneiden und mit dem Mehl und BBQ-Rub bestäuben.

**3** Den Dutch Oven mit hoher Unterhitze aufheizen (ca. 220 °C). Dafür die 25 durchgeglühten Briketts unter dem Topf platzieren. Butterschmalz im Topf zerlassen und die Markknochen von beiden Seiten ordentlich anrösten. Markknochen aus dem Topf nehmen und das Fleisch in 2–3 Durchgängen ordentlich anbraten. Auch das Fleisch aus dem Dutch Oven nehmen und mit den Markknochen beiseitestellen.

**4** Dann das Gemüse in den Dutch Oven geben und ebenfalls ordentlich anrösten. Das Tomatenmark dazugeben und kurz mitbraten. Nun das Fleisch und die Markknochen zurück in den Topf geben. Rinderfond und Schwarzbier angießen und mit Salz, Pfeffer und Thymian würzen.

**5** Den Deckel auf den Topf legen und den Dutch Oven auf niedrige Ober-/Unterhitze umstellen (ca. 150 °C): 8 der Briketts auf dem Deckel platzieren, 8 Briketts unter dem Topf belassen, Rest beiseiteräumen. Das Fleisch 2 ½–3 Stunden schmoren.

**SEBASTIAN**

**“WO BIER DRIN IST, KANN MAN AUCH BIER ZU TRINKEN!”**

# APFEL-CRUMBLE

## MIT MACADAMIANÜSSEN

### FÜR 6 PERSONEN

*200 g kalte Butter*

*75 g ungesalzene Macadamianüsse*

*250 g Weizenmehl (Type 550)*

*150 g Zucker*

*1 Prise Salz*

*1 ½ kg Äpfel*

*1 ½ Tl Zimt*

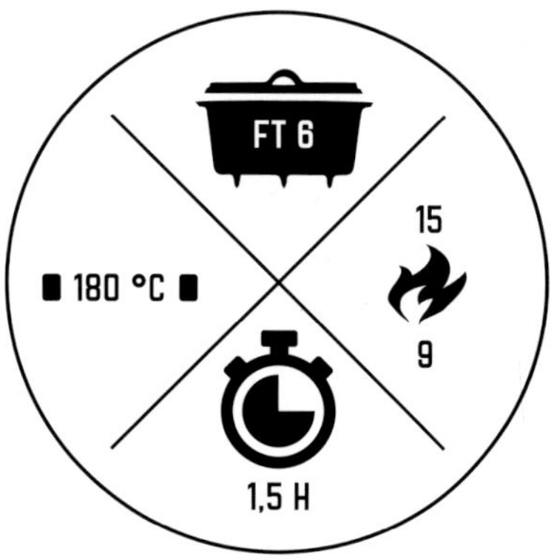


### VORBEREITEN: 24 BRIKETTS DURCHGLÜHEN

**1** Die kalte Butter in Stückchen schneiden und bis zur Weiterverwendung noch einmal kalt stellen. Die Macadamianüsse hacken und mit dem Mehl, 120 g Zucker und Salz vermengen. Die kalten Butterstücke dazugeben und alles mit den Fingern zu Bröseln zerreiben. Erneut kalt stellen.

**2** Die Äpfel schälen, entkernen und in Stücke schneiden. Mit dem restlichen Zucker (30 g) und dem Zimt mischen. Den Dutch Oven mit Backpapier auslegen, die Äpfel hineingeben. Die Streusel darüberstreuen.

**3** Den Dutch Oven mit mittlerer Ober-/Unterhitze aufheizen (ca. 180 °C). Dafür 9 der durchgeglühten Briketts unter dem Topf, 15 auf dem Deckel platzieren. Den Crumble etwa 40 Minuten goldbraun backen. Zwischendurch den Deckel anheben und den Bräunungsgrad kontrollieren.

**SEBASTIAN**

**„DER EINZIGE STREUSELKUCHEN, DEN ES NICHT AUF'M BEERDIGUNGSKAFFEE GIBT …"**

KAP-08

# TIMS TOP 10

# CHILI BLANCO

## MIT HÄHNCHEN

### FÜR 6 PERSONEN

*500 g ausgelöste Hähnchenoberkeulen (Pollo Fino)*

*1 (grüne) Zwiebel*

*3 Knoblauchzehen*

*1 gelbe Paprikaschote*

*2 Jalapeños*

*3 El Olivenöl*

*1 Tl Kreuzkümmel*

*2 Tl Salz*

*1 Tl Pfeffer*

*1 Tl getrockneter Oregano*

*½ Tl getrockneter Thymian*

*½ Tl getrockneter Majoran*

*500 ml Geflügelbrühe*

*800 g weiße Bohnen aus der Dose (Abtropfgewicht)*

*150 g Mais aus der Dose*

*200 g Frischkäse*

*1 Bund Frühlingszwiebeln*

*100 g Manchego (oder Parmesan)*

*200 g Sahne*

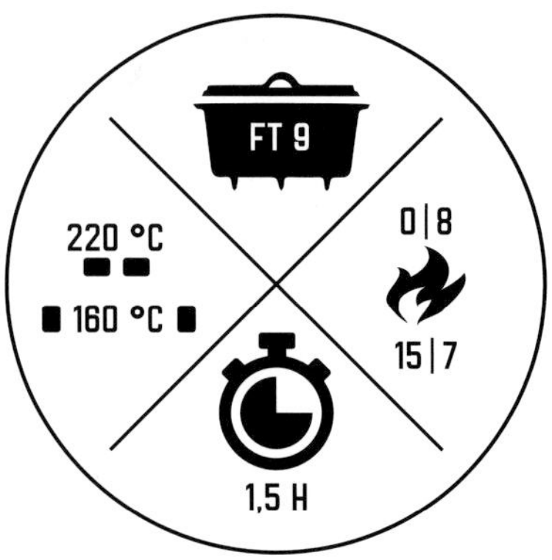


### VORBEREITEN: 15 BRIKETTS DURCHGLÜHEN

**1** Das Fleisch trocken tupfen und schnetzeln. Zwiebel und Knoblauchzehen schälen und hacken. Paprika putzen und würfeln. Jalapeños putzen, nach Belieben entkernen und in feine Streifen schneiden.

**2** Den Dutch Oven mit hoher Unterhitze aufheizen (ca. 220 °C). Dafür die 15 durchgeglühten Briketts unter dem Topf platzieren. Das Olivenöl zusammen mit dem Fleisch in den Topf geben und das Fleisch von allen Seiten anbraten. Die Gewürze und die Kräuter zugeben und mit dem Fleisch vermischen. Zwiebel, Knoblauch, Paprika und Jalapeños zugeben und leicht anschwitzen. Mit Brühe ablöschen. Dann Bohnen, Mais und Frischkäse zugeben.

**3** Den Deckel auf den Topf legen und den Dutch Oven auf mittlere Ober-/Unterhitze umstellen (ca. 160 °C): 8 der Briketts auf dem Deckel platzieren, 7 Briketts unter dem Topf belassen. Alles ca. 30 Minuten köcheln lassen.

**4** Inzwischen die Frühlingszwiebeln putzen und fein hacken. Den Käse reiben. Beides zusammen mit der Sahne nach 30 Minuten mit in den Dutch geben und weitere 10 Minuten köcheln lassen.

**TIM**

**„WER SAGT DENN, CHILI MUSS ROT SEIN?“**

# COLA-FLEISCH

## MIT KIRSCHEN

### FÜR 4 PERSONEN

*2 El Schweineschmalz*

*1 ½ kg falsches Filet vom Rind*

*1 Tl Pfeffer*

*600 ml Sweet-Chili-Sauce*

*680 g Schattenmorellen oder Kirschen aus dem Glas mit Saft*

*1 l Cola (es ist egal, welche ihr nehmt)*

*2 Tüten Zwiebelsuppe (FP)*

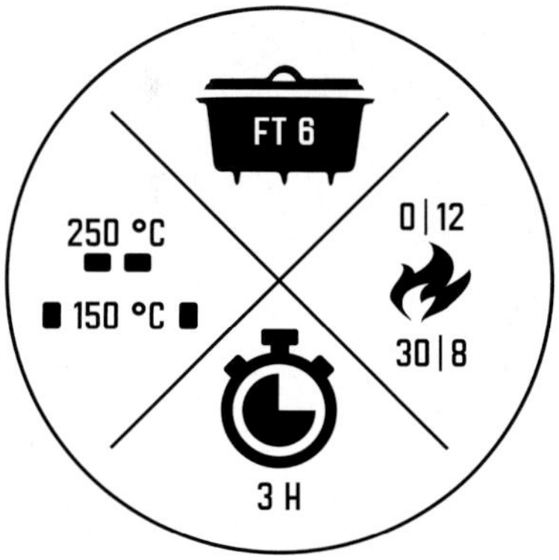


### VORBEREITEN: 30 BRIKETTS DURCHGLÜHEN

**1** Den Dutch Oven mit hoher Unterhitze aufheizen (ca. 250 °C). Dafür die 30 durchgeglühten Briketts unter dem Topf platzieren. Schweineschmalz im Dutch Oven erhitzen, das falsche Filet von allen Seiten braun anbraten und anschließend mit Pfeffer würzen. Sweet-Chili-Sauce, Kirschen mit dem Saft, Cola und Zwiebelsuppe aus der Tüte dazugeben. Alles verrühren, den Topf mit dem Deckel schließen.

**2** Dutch Oven auf mittlere Ober-/Unterhitze umstellen (ca. 150 °C): 12 der Briketts auf dem Deckel platzieren, 8 Briketts unter dem Topf belassen, Rest beiseiteräumen. Das Fleisch 2 ½ Stunden köcheln lassen. Es ist fertig, wenn es sich, ähnlich wie Pulled Pork, zerrupfen lässt.

**3** Das Fleisch also schön zerrupfen, mit der Sauce gut verrühren und so lange einköcheln lassen, bis eine sämige Konsistenz erreicht ist.

**TIM**

**“ICH FIND'S LECKER, ABER SEBASTIAN SAGT IMMER: „FLEISCH MIT OBST? DANN LIEBER FASTEN.“”**

# BRATKARTOFFELSTAMPF

## 2 IN 1 ODER: DAS BESTE AUS 2 WELTEN

### FÜR 4 PERSONEN

*1,6 kg fertig gekochte und gepellte mehligkochende Kartoffeln*
*1 Zwiebel*
*2 El Butterschmalz*
*150 g Butter*
*250 g Crème fraîche*
*1 ½ Tl Salz*
*1 Tl Pfeffer*
*1 Tl geriebene Muskatnuss*
*1 Paket 8-Kräuter-Mix (TK)*
*200 g geriebener Cheddar*
*1 Bund Frühlingszwiebeln*

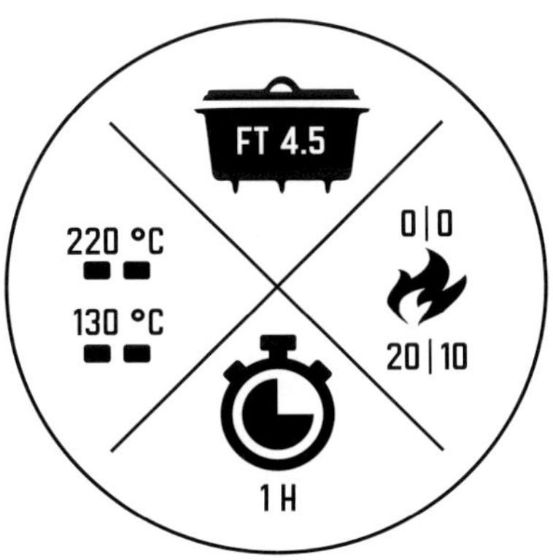


### VORBEREITEN: 20 BRIKETTS DURCHGLÜHEN

**1** Die Kartoffeln in Scheiben schneiden. Die Zwiebel schälen und fein würfeln.

**2** Den Dutch Oven mit hoher Unterhitze aufheizen (ca. 220 °C). Dafür die 20 durchgeglühten Briketts unter dem Topf platzieren. Butterschmalz im Topf zerlassen, Zwiebelwürfel hineingeben und schön bräunen. Zwiebeln herausnehmen und beiseitestellen.

**3** Dann die Kartoffelscheiben zusammen mit 100 g der Butter in den Dutch Oven geben und kräftig anrösten. Immer wieder mit einem Holzlöffel den Bodensatz abkratzen (es ist nicht schlimm, wenn die Kartoffeln auseinanderbrechen). Der Spaß dauert bestimmt 20 Minuten, dann sollten die Kartoffeln aber schön gebräunt sein.

**4** Den Dutch Oven von der Hitze nehmen, die restliche Butter, die Crème fraîche, Salz, Pfeffer, Muskat und Kräuter dazugeben und alles zu einem Brei stampfen.

**5** Die Unterhitze auf ca. 130 °C reduzieren, dafür nur noch 10 der Briketts unter dem Topf belassen, Rest beiseiteräumen. Den Käse zum Stampf geben und gut unterrühren. Während alles noch einmal schön heiß wird, die Frühlingszwiebeln putzen und in Ringe schneiden. Dann den Bratkartoffelstampf mit den Frühlingszwiebeln anrichten.

# SCHMORSTEAKS

## BARBECUE-STYLE

### FÜR 4 PERSONEN

*4 Schweinenackensteaks à ca. 300 g*
*BBQ-Rub nach Belieben*
*1 rote Zwiebel*
*2 Knoblauchzehen*
*1 Dose Mais (285 g Abtropfgewicht)*
*2 Birnen*
*1–2 El Öl*
*1 Dose Baked Beans (ca. 400 g)*
*2 El Honig*
*2 El Tomatenmark*
*200 ml BBQ-Sauce*
*Salz*
*Pfeffer*

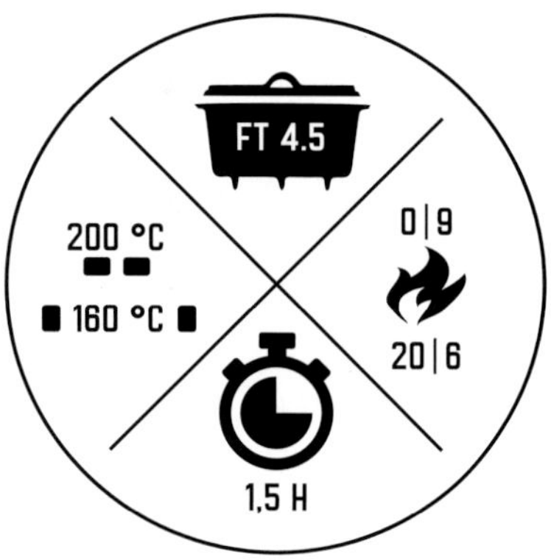


### VORBEREITEN: 20 BRIKETTS DURCHGLÜHEN

**1** Die Schweinenackensteaks trocken tupfen und gut mit BBQ-Rub einreiben. Zwiebel und Knoblauchzehen schälen, beides fein hacken. Den Mais in ein Sieb geben und abtropfen lassen. Birnen schälen, vom Kerngehäuse befreien und in gleichmäßige Stücke schneiden.

**2** Den Dutch Oven mit hoher Unterhitze aufheizen (ca. 200 °C). Dafür die 20 durchgeglühten Briketts unter dem Topf platzieren. Das Öl im Dutch Oven erhitzen und die Steaks darin von beiden Seiten braun anbraten. Herausnehmen, dann Zwiebel und Knoblauch hineingeben und glasig anschwitzen. Mais, Birnen, Bohnen, Honig, Tomatenmark und BBQ-Sauce zugeben und alles vermischen. Mit Salz und Pfeffer abschmecken. Die Steaks zugeben.

**3** Den Deckel auf den Topf legen und den Dutch Oven auf mittlere Ober-/Unterhitze umstellen (ca. 160 °C): 9 der Briketts auf dem Deckel platzieren, 6 Briketts unter dem Topf belassen, Rest beiseiteräumen. Alles ca. 45 Minuten schmoren lassen.

# OSTFRIESISCHER SNIRTJEBRA

## TRADITIONELLES GERICHT DER HAUSSCHLACHTUNG

### FÜR 4 PERSONEN

*800 g Schweineschulter*
*800 g Schweinenacken*
*10 Pimentkörner*
*5 Wacholderbeeren*
*4 Lorbeerblätter*
*2 Tl Salz*
*1 ½ Tl Pfeffer*
*1,5 kg rote Zwiebeln*
*1 El Butterschmalz*
*3 El Mehl*
*1 l Fleischbrühe*

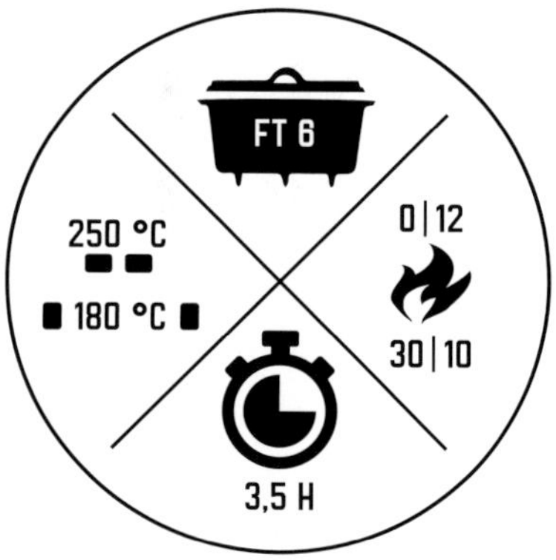


### VORBEREITEN: 30 BRIKETTS DURCHGLÜHEN

**1** Das Fleisch in etwa Hühnerei große Stücke schneiden und in eine Schüssel geben. Piment und Wacholder in einem Mörser zerstoßen, Lorbeer dazugeben und ebenfalls zerkleinern. Mit Salz und Pfeffer zum Fleisch geben, gut durchmengen und 20–30 Minuten ziehen lassen.

**2** Die Zwiebeln schälen, halbieren und in Halbringe schneiden. Den Dutch Oven mit hoher Unterhitze aufheizen (ca. 250 °C). Dafür die 30 durchgeglühten Briketts unter dem Topf platzieren. Das Butterschmalz im Topf zerlassen und das Fleisch portionsweise kräftig anbraten. Aus dem Topf nehmen und beiseitestellen.

**3** Die Zwiebeln in den Topf geben und glasig andünsten. Mit Mehl bestäuben, kurz anrösten. Dann das Fleisch mit dem entstandenen Fleischsaft zu den Zwiebeln geben und mit der Fleischbrühe auffüllen.

**4** Den Dutch Oven auf mittlere Ober-/Unterhitze umstellen (ca. 180 °C): 12 der Briketts auf dem Deckel platzieren, 10 Briketts unter dem Topf belassen, Rest beiseiteräumen.

**5** Den Ostfriesen-Mix 2–2 ½ Stunden schmoren lassen, bis das Fleisch schön zart und die Zwiebeln quasi aufgelöst sind. Zwischendurch gelegentlich umrühren und ggf. etwas Wasser nachgießen.

TIPP
Dazu gibt es klassisch Salzkartoffeln, eingelegte rote Beete und Kürbis.

**TIPP**

*Traditionell isst der Westfale zur Graupensuppe ein Brot mit Rübenkraut.*

# GRAUPENSUPPE

## AUS WESTFALEN

### FÜR 4 PERSONEN

*1 Gemüsezwiebel*
*2 Möhren*
*100 g Knollensellerie*
*2 Stangen Lauch*
*3 mehligkochende Kartoffeln*
*4 Mettwürste*
*2 El Pflanzenöl*
*1,2 l Rinderfond*
*1 Tl Salz*
*½ Tl Pfeffer*
*100 g mittelgrobe Graupen*

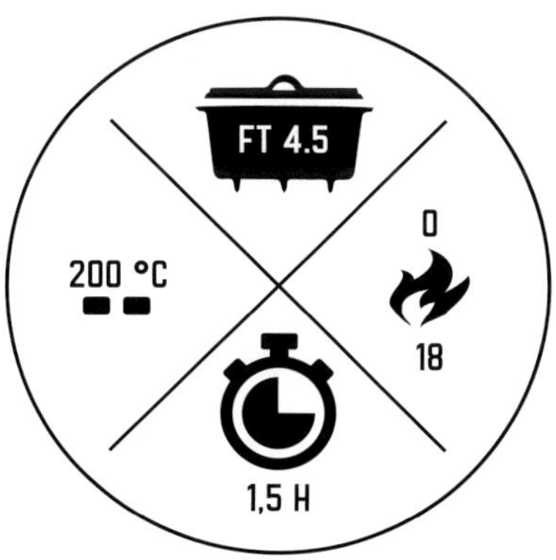


### VORBEREITEN: 18 BRIKETTS DURCHGLÜHEN

**1** Die Zwiebel schälen und in feine Würfel schneiden. Möhren putzen und würfeln. Sellerie schälen und in feine Würfel schneiden. Lauch putzen und in feine Ringe schneiden. Kartoffeln schälen und fein raspeln. Mettwürste in 1 cm dicke Stücke schneiden.

**2** Den Dutch Oven mit hoher Unterhitze aufheizen (ca. 200 °C). Dafür die 18 durchgeglühten Briketts unter dem Topf platzieren. Öl im Topf erhitzen und Zwiebeln darin glasig andünsten. Möhren hinzugeben und leicht anschwitzen. Alle anderen Zutaten dazugeben, den Topf mit dem Deckel schließen und alles 45 Minuten bei gelegentlichem Rühren zu einer sämigen Suppe einkochen.

**TIM**

„MIT GRAUPEN FINDET MAN KEINE FREUNDE, BLEIBT MEHR FÜR MICH ÜBRIG!“

# CHEESEBURGER-PASTA

## MIT RINDERHACK

### FÜR 4 PERSONEN

*1 große Zwiebel*
*3 Knoblauchzehen*
*1 Salzgurke*
*1 El Butterschmalz*
*500 g Rinderhackfleisch*
*2 Tl Salz*
*1 Tl Pfeffer*
*1 Tl edelsüßes Paprikapulver*
*1 Tl geräuchertes Paprikapulver*
*½ Tl Cayennepfeffer*
*500 g Fusilli*
*1300 ml Fleischbrühe*
*1–2 El Gurkenwasser*
*2 El Worcestersauce*
*3 El Ketchup*
*1 El Senf*
*120 g Sahne*
*300 g geriebener Cheddar*

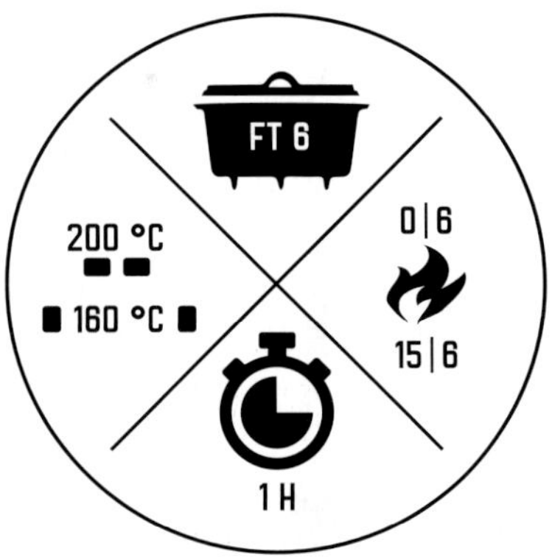


### VORBEREITEN: 15 BRIKETTS DURCHGLÜHEN

**1** Zwiebel und Knoblauchzehen schälen und fein hacken. Die Salzgurke fein würfeln.

**2** Den Dutch Oven mit hoher Unterhitze aufheizen (ca. 200 °C). Dafür die 15 durchgeglühten Briketts unter dem Topf platzieren. Das Butterschmalz im Topf zerlassen und das Hackfleisch darin krümelig braten. Zwiebel und die Gewürze zugeben und anschwitzen. Dann Nudeln, Brühe, Gurkenwasser, Worcestersauce, Ketchup, Senf, Knoblauch und Salzgurke zugeben und alles verrühren.

**3** Den Deckel auf den Topf legen und den Dutch Oven auf mittlere Ober-/Unterhitze umstellen (ca. 160 °C): 6 der Briketts auf dem Deckel platzieren, 6 Briketts unter dem Topf belassen, Rest beiseiteräumen. Alles 20–25 Minuten köcheln lassen, bis die Nudeln die Flüssigkeit fast komplett aufgesogen haben. Zum Schluss die Sahne und den Käse unterrühren.

**TIM**

**„NUR HALB SO SCHRÄG WIE'S KLINGT!"**

# BBQ-DAMPFNUDELN

## MIT PULLED PORK GEFÜLLT

### FÜR 4 PERSONEN

*300 ml Milch*
*40 g Butter*
*1 Tl Zucker*
*10 g frische Hefe*
*250 g Weizenmehl (Type 550)*
*1 Ei*
*1 ½ Tl Salz*
*400 g Pulled Pork*
*3 Zweige Rosmarin*

**Außerdem**
*Mehl zum Bearbeiten*

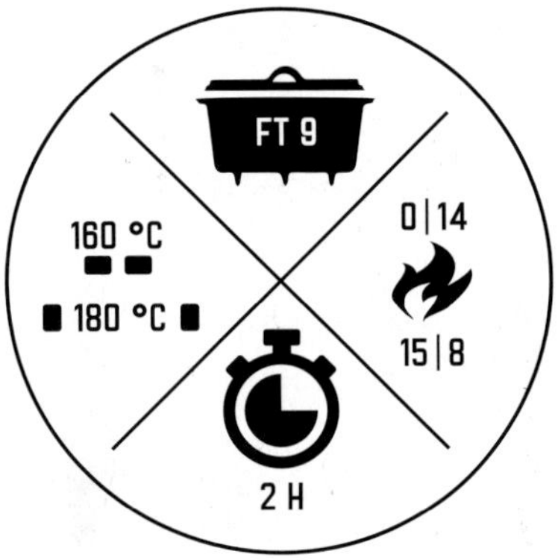


### VORBEREITEN: 22 BRIKETTS DURCHGLÜHEN

**1** In einem Topf 100 ml Milch, Butter und Zucker aufkochen und handwarm abkühlen lassen. Hefe darin auflösen und mit Mehl, Ei und ½ Tl Salz 10 Minuten zu einem glatten Teig verkneten. Mit Klarsichtfolie abdecken und an einem warmen Ort 30 Minuten auf die doppelte Größe gehen lassen.

**2** Den Hefeteig auf einer bemehlten Arbeitsfläche kräftig durchkneten und zu 8 Kugeln formen. Jede Kugel zu einem Fladen von ca. 10 cm Ø drücken. Dabei darauf achten, dass der Teig in der Mitte dicker ist und zum Rand hin dünner wird.

**3** 50 g Pulled Pork auf jeden Fladen verteilen. Teigstücke um das Pulled Pork verschließen und eine Kugel formen. 8 Backpapier-Quadrate zuschneiden (8 x 8 cm) und die Dampfnudeln darauflegen. An einem warmen Ort zugedeckt weitere 20 Minuten gehen lassen.

**4** Den Dutch Oven mit mittlerer Unterhitze aufheizen (ca. 160 °C). Dafür 15 der durchgeglühten Briketts unter dem Topf platzieren. Die restliche Milch mit dem Rosmarin im Topf aufkochen. Salz hinzufügen und die Dampfnudeln auf dem Backpapier nebeneinander in die Milch geben. Den Topf mit dem Deckel verschließen.

**5** Den Dutch Oven auf mittlere Ober-/Unterhitze umstellen (ca. 180 °C): 8 Briketts unter dem Topf belassen, 14 auf dem Deckel platzieren. Die Dampfnudeln ca. 35 Minuten backen. Den Deckel zwischendurch nicht öffnen!

**TIM**

**„SO MACHT BACKEN SPAß!"**

# BEEF STROGANOFF

## ONE POT PASTA

### FÜR 4 PERSONEN

*2 Knoblauchzehen*
*1 Zwiebel*
*500 g braune Champignons*
*Öl zum Anbraten*
*500 g Rinderhackfleisch*
*2 Tl edelsüßes Paprikapulver*
*1 Tl geräuchertes Paprikapulver*
*2 Tl Salz*
*1 Tl Pfeffer*
*½ Tl Cayennepfeffer*
*1,2 l Rinderbrühe*
*300 g Fusilli*
*100 g Crème fraîche*
*Stärke zum Abbinden*

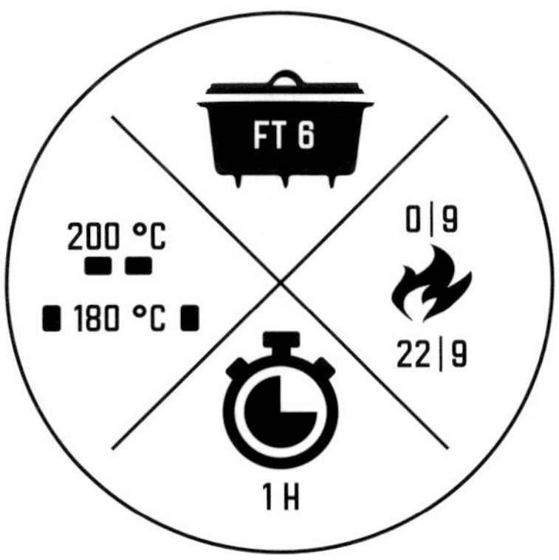


### VORBEREITEN: 22 BRIKETTS DURCHGLÜHEN

**1** Knoblauch und Zwiebel schälen und fein würfeln. Champignons putzen und in Scheiben schneiden.

**2** Den Dutch Oven mit hoher Unterhitze aufheizen (ca. 200 °C). Dafür die 22 durchgeglühten Briketts unter dem Topf platzieren. Öl im Topf erhitzen und die Champignons darin leicht anbraten, bis sie einen guten Teil ihres Wassers verloren haben.

**3** Zwiebeln und Knoblauch dazugeben und leicht mit anschwitzen. Die Pilzmischung an den Rand schieben und in der Mitte das Hackfleisch anbraten. Mit edelsüßem und geräuchertem Paprikapulver, Salz und Pfeffer und Cayennepfeffer würzen. Rinderbrühe und Nudeln dazugeben.

**4** Den Deckel auf den Topf legen und den Dutch Oven auf mittlere Ober-/Unterhitze umstellen (ca. 180 °C): 9 der Briketts auf dem Deckel platzieren, 9 Briketts unter dem Topf belassen, Rest beiseiteräumen.

**5** Alles 15–20 Minuten bei leichtem Blubbern köcheln lassen. Wenn die Nudeln gar sind und sie einen Großteil der Flüssigkeit aufgenommen haben, die Crème fraîche dazugeben und mit Salz und Pfeffer abschmecken. Nach Belieben mit Stärke abbinden.

# ZIMTSCHNECKEN

**DER DUTCH KANN AUCH SÜß!**

## FÜR 15 SCHNECKEN

**Für den Teig**

*500 g Weizenmehl (Type 405)*
*100 g Butter*
*200 ml Milch*
*50 g Zucker*
*1 Würfel Hefe*
*1 Ei*
*1 Prise Salz*

**Für die Füllung**

*200 g Zucker*
*3 Tl Zimt*
*200 g Pekannüsse*
*100 g Butter*

**Außerdem**

*Mehl für die Arbeitsfläche*

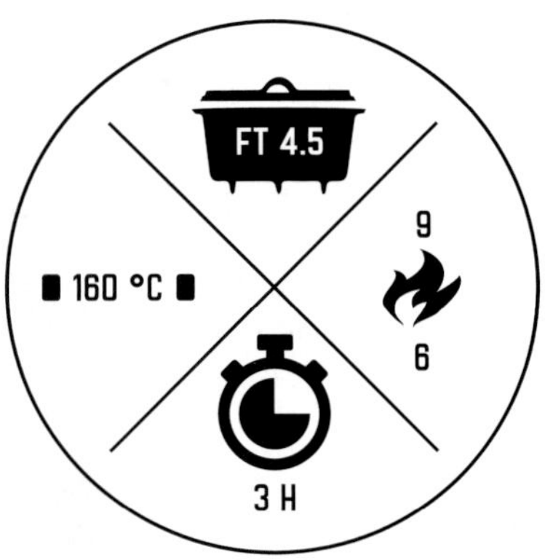


## VORBEREITEN: 15 BRIKETTS DURCHGLÜHEN

**1** Alle Zutaten für den Teig in eine Küchenmaschine geben und sie zu einem glatten Teig verarbeiten. Den Teig abgedeckt an einem warmen Ort mindestens 1 Stunde gehen lassen.

**2** Währenddessen die Füllung zubereiten. Hierfür 100 g Zucker mit 1 Tl Zimt in einem Topf mit 2 El Wasser schmelzen. Pekannüsse in den Topf geben und alles bei hoher Hitze unter Rühren karamellisieren. Die Nüsse auf Backpapier geben und auskühlen lassen. Die abgekühlten Nüsse hacken.

**3** Die Butter zerlassen, den restlichen Zimt und den restlichen Zucker dazugeben und unter Rühren schmelzen.

**4** Den Teig auf einer bemehlten Arbeitsfläche etwa 1 cm dick ausrollen. Mit der noch warmen Butter-Zucker-Mischung bestreichen. Die gehackten Pekannüsse darüberstreuen und alles der Länge nach aufrollen. Anschließend gleich große Röllchen vom Teig abschneiden und diese Röllchen nebeneinander in den mit Backpapier ausgelegten Dutch Oven geben. Den Topf mit dem Deckel schließen. Erneut 1 Stunde gehen lassen.

**5** Den Dutch Oven mit mittlerer Ober-/Unterhitze aufheizen (ca. 160 °C). Dafür 6 der durchgeglühten Briketts unter dem Topf, 9 auf dem Deckel platzieren. Die Schnecken je nach Bräunungswunsch 45–55 Minuten backen.

**TIM**

**„DEN GANZEN DOPF BITTE EINMAL ZUM NACHTISCH!"**

## TIPP

*Ihr könnt den ft 4.5, ft 6 oder ft 9 nehmen, die Zimtschnecken werden entweder breit und flach oder gehen höher auf.*

# REZEPT VERZEICHNIS

# REZEPTVERZEICHNIS

## WORAUF HASTE HEUTE BOCK?

# HINWEISE ZUM BUCH

## GUT ZU WISSEN

### ABKÜRZUNGEN

**cm** = Zentimeter
**El** = Esslöffel
**FP** = Fertigprodukt
**g** = Gramm
**kg** = Kilogramm
**l** = Liter
**ml** = Milliliter
**TK** = Tiefkühlprodukt
**Tl** = Teelöffel

### REZEPTE

Bevor ihr loslegt, die Briketts durchzuglühen: Lest erst aufmerksam das komplette Rezept durch. Zum Teil muss Teig länger gehen oder Erbsen müssen eingeweicht werden – das sind wichtige Informationen, um zur richtigen Zeit mit dem Durchglühen der Briketts zu beginnen.

### ZUTATEN

Bei den Zutatenmengen ist jeweils das Rohgewicht, also das Gewicht des Lebensmittels vor der Verarbeitung, angegeben. Bei Stückangaben gehen wir immer von Lebensmitteln mittlerer Größe aus.

### ZEITANGABEN

Die Zeitangaben beziehen sich immer auf die Gesamtzubereitungszeit des Gerichts und berücksichtigen nicht die Zeit, die für das Durchglühen der Briketts benötigt wird.


### BILDNACHWEIS

**Reportagefotos:** TLC Fotostudio Seite 21; alle übrigen: Niklas Thiemann

**Foodfotos:** TLC Fotostudio

**Illustration:** © Hein Nouwens (Stoppuhr) – stock.adobe.com

### VIELEN DANK

Wir hatten tolle Unterstützung! Ein großes DANKE geht an die Metzgerei „Der Ludwig“, die uns mit ihren Fleischspezialitäten unterstützt hat.

www.Der-Ludwig.de


DER LUDWIG

DIE MARKE. DAS FLEISCH.®